60 Masajes de un minuto para todos

(y en todos lados)

Joël Savatofski

nueva IMAGEN
colectivo editorial

Dirección editorial
Tomás García Cerezo

Gerencia editorial
Jorge Ramírez Chávez

Editora responsable
Blanca Estela Gayosso Sánchez

Traducción
MAS Integra, S.C. de R.L. de C.V.

Diseño y formación
Silvia Plata Garibo, Punto5

Fotografía
©Shutterstock, Inc.

Ilustración
Alain Boyer

Diseño de portada
Ediciones Larousse, S.A. de CV.,
con la colaboración de Nice Montaño Kunze

Fotografía de portada
©Shutterstock.com

Renacimiento 180, Col. San Juan Tlihuaca,
Delegación Azcapotzalco, 02400, Ciudad de México
Miembro de la Cámara Nacional de la Industria Editorial Mexicana
Registro núm. 43

ISBN: 978-607-744-493-0

PRIMERA EDICIÓN, enero 2017

Impreso en México – Printed in Mexico

60 Masajes de un minuto para todos

(y en todos lados)

Joël Savatofski

nueva IMAGEN
colectivo editorial

CONTENIDO

Prefacio del autor

¡Atrévase!

No se necesita ser un especialista para practicar el arte del masaje. Toda persona puede efectuarlo frecuentemente si lo desea, sin riesgo alguno, en su vida diaria, con sus familiares, de manera profesional o simplemente entre amigos. Así ha ocurrido desde hace miles y miles de años en todas las civilizaciones. Dado que el masaje aporta relajación y bienestar inmediatos, alivia numerosos dolores, nos reconcilia con el gusto de tocar y ser tocados, facilita la comunicación y la autenticidad, y porque incluso puede ser un tanto subversivo, decidí popularizar esta práctica ancestral, volverla accesible y practicable por todos, sin importar los momentos y las situaciones.

Esa es la razón por la que, a través de este libro, le invito a practicar el masaje en familia, entre amigos, en pareja, en la intimidad o sólo como un juego. ¿Dónde? ¡En todas partes! En la casa, en sitios improvisados o al aire libre... Practíquelo en vacaciones, en su lugar de trabajo, en el transporte, en el hospital, incluso como enamorados... ¿Y por qué no? Involucren a los niños, a los adolescentes, a los adultos mayores. Incorpórelo a su ámbito profesional, cualquiera que sea. Practíquelo ahí donde la presencia del masaje, aunque reconocida, parece insólita.

Mi larga y sólida experiencia, adquirida en medios muy diversos, en los que me enfrenté a resistencias y prejuicios, con la única fuerza de mi convicción "manual", me permite afirmar que el masaje es un arte. Me esforcé por fomentarlo, desarrollarlo y poner su práctica al alcance de todos, ya que la práctica de dar masajes suaviza las costumbres y constituye el antídoto ideal para el malestar que se propaga por todas partes en nuestra sociedad. Fácil, agradable de aplicar, creativo, sin riesgos, siempre benéfico, el arte del masaje, más allá de los músculos relajados, de la relajación obtenida, del bienestar inmediato percibido, es también y quizás, antes que todo, un poderoso factor de comunicación, generador de vínculos y de convivencia. ¿Asistimos entonces a la revolución planetaria por medio del masaje? No llegamos a tanto, pero inspirándonos en la conciencia ecológica podemos adquirir, cada uno, a nuestra manera, suficiente confianza en nosotros mismos y comunicar mejor a través del tacto.

Este aspecto "sociable" y popular del masaje es el motor que me animó a enseñarlo, desde hace más de un cuarto de siglo. Es, sin lugar a dudas, una de las pocas actividades humanas que podemos practicar a cualquier edad (de tres a... ciento diecisiete años), sin peligro y que produce un alivio al instante.

Me parece que ha quedado claro que a través de esta obra, deseo compartir con ustedes mi inquebrantable convicción, sólidamente anclada en la experiencia. ¡Siga mis consejos y atrévase!

¡Ahora le toca a usted!

Las diferentes técnicas que propongo en este libro fueron practicadas mil y una veces sobre mil y una personas distintas. Son el fruto del trabajo realizado en mi Instituto de Enseñanza e Investigación Pedagógica sobre el Tacto-Masaje, escuela europea. Se aprenden fácilmente y son de corta duración. No pretenden profundizar tanto como lo harían técnicas más elaboradas que requieren más tiempo, preparación y condiciones particulares, por lo que a veces llegan a ser una actividad reservada, incluso elitista. De preferencia, tómelas y practíquelas como un juego, pues actuar lúdicamente y sin pretensiones será más satisfactorio. Como digo a menudo a mis alumnos respecto al masaje de la mano: "¡lo más difícil para el masaje de la mano, es agarrarla! Después, los movimientos vienen solos".

¡Entonces, tenga confianza en usted mismo y dése un masaje!

Joël Savatofski

LO QUE HAY QUE SABER

Amar el masaje, tanto recibirlo como darlo es, sin lugar a dudas, la primera de las condiciones. No es necesario tener conocimientos teóricos, anatómicos o fisiológicos, sino, sobre todo, suavidad al acercarse y en los movimientos, tacto, presencia, sentido de convivencia, intención de hacer el bien y, por supuesto, confianza en uno mismo. Si además, usted tiene sentido del humor, una pizca de fantasía o de imaginación, el don de adaptarse rápidamente a cualquier situación, no lo piense más.

Con tacto y suavidad

Al dar masajes al minuto, aun disponiendo de poco tiempo, si nuestros movimientos deben darse rápidamente o si nuestra pareja tiene prisa, daremos siempre prioridad a la suavidad y al tacto: tocar, entrar en contacto con delicadeza, nunca bruscamente, activar, dar confianza.

Con toda la mano

Utilice su mano completa con la palma abierta. Los movimientos circulares y envolventes, refuerzan la sensación de seguridad. Mientras haya más superficie en contacto, uno se siente "en buenas manos" y confiado. Además, el contacto con la palma es a menudo más agradable que con la punta de los dedos.

Exhale

¿Sabía que la relajación total está ligada a la exhalación? Los deportistas siempre exhalan antes de hacer un esfuerzo o un movimiento que requiere precisión. Los niños suspiran en las bancas de la escuela para relajarse. Exhalar es el "truco" indispensable para relajarse rápidamente en cualquier momento. No dude en utilizarlo, aunque pueda provocar la risa de los demás. Es lo mismo para nuestra práctica del masaje. Exhale, suspire durante la aplicación de las maniobras y notará, junto con su pareja, que sus movimientos son relajados y sentirán una felicidad compartida.

Con todo el cuerpo

¿Cómo puede presionar y dar masaje, sin importar la morfología de la persona, sin cansarse, sin hacer movimientos bruscos, con ritmo y fluidez, dando una impresión de gran suavidad? El secreto consiste en saber manejar el movimiento de su propio cuerpo durante las maniobras. Su transferencia hacia adelante permite presionar, masajear, estirar y lograr profundidad sin lastimar, sin esfuerzo, sin brusquedad, y debe hacerse mientras exhala pues entonces sus movimientos estarán relajados y fluidos. El regreso hacia atrás es ligero, suave y se hace durante la inhalación. Quienes aprendieron y utilizan el método del "balanceo del peso del cuerpo" lo confirman. Es el "truco" indispensable que permite coordinar firmeza y suavidad, resistencia y soltura sin experimentar cansancio. Así, se puede decir que casi siempre hay en el masaje un tiempo más marcado durante la exhalación y otro más ligero en la inhalación, de ahí el ritmo alternado del masaje.

Roce

Se trata de un deslizamiento ligero, superficial y fluido de la mano sobre la piel, preparando la parte que va a recibir el masaje, con las manos bien abiertas, que se amoldan a las formas del cuerpo. Con movimientos más rápidos, los roces permiten dar calentamiento en un punto específico.

Masajeo

El masajeo se realiza con la palma de la mano o con la palma y los dedos. Consiste en masajear o "amasar" las zonas musculares. Es un movimiento que conocen bien quienes preparan pizzas o los panaderos que todavía amasan a mano la masa para el pan.

La presión con deslizamiento

Es una de las maniobras más utilizadas. Es fácil de realizar y muy bien recibida. De acuerdo con la presión ejercida (superficial o profunda, lenta o rápida), se obtendrán efectos diferentes: defatigante, dinamizante o incluso de drenado. La palma de la mano se desliza a lo largo de la piel y el balanceo del cuerpo o traslado del peso será el que proporcione una presión más o menos fuerte. También puede utilizar el puño medio cerrado, por ejemplo en el arco del pie. Lo ideal es que su maniobra, ya sea presión con deslizamiento, masajeo o estiramiento, se haga siempre al exhalar y que la relajación o regreso, sea con ligereza y mientras inhala.

El puño medio cerrado

Es una manera más suave y flexible como un resorte, de emplear el poder del puño, evitando la brusquedad.

La "relaxinesis" o movilización manual en ingravidez, movimiento del títere

Consiste en movimientos o movilizaciones (*cinesis*) en los que se pone en juego la gravedad en todos los ejes del espacio. Se carga la parte seleccionada del cuerpo y se espera a que se descargue, pesada en la mano, para provocar la relajación al soltarla.

Las movilizaciones en la toalla o en la bufanda

El uso de una tela doblada (toalla o bufanda) aumenta el efecto de ingravidez y la sensación de volar totalmente relajado.

Las movilizaciones en el suelo

Son una actividad sencilla y fácil, que puede realizarse en cualquier momento, pero conviene particularmente al principio de la sesión para preparar a las personas que tienen dificultad para relajarse y puedan soltarse durante los levantamientos de las diferentes partes del cuerpo. Son un excelente preludio además de contribuir al relajamiento y al descanso. Ejemplos de estas movilizaciones son los balanceos regulares de todo el cuerpo, los rodamientos tipo "plastilina", los movimientos de vaivén, las ondulaciones, las sacudidas y vibraciones suaves, etcétera.

Los estiramientos

Se practican de preferencia mientras el masajeado y el masajista exhalan. Son progresivos y en principio vienen después de una fase de relajación obtenida por la *relaxinesis*, preferentemente. En realidad no se busca un estiramiento como tal, pero lo que ocurre es que el traslado del peso del cuerpo hacia atrás del que realiza el estiramiento durante el tiempo de la exhalación, provoca un estiramiento suave y progresivo, sin ningún esfuerzo.

Zonas reflejos

Se puede influir directamente sobre un órgano, una función u otra parte del cuerpo al estimular con masaje, presión, pellizco o calor la parte correspondiente llamada "punto" o "zona reflejo", situada en en el arco de la planta y los costados del pie. Esta reflexología plantar o masaje reflejo de los pies puede utilizarse también para automasaje.

¡Una aplicación extra: "las patas de gato"!

El movimiento específico del balanceo del cuerpo alternado de izquierda a derecha llamado de "las patas de gato", es una técnica que relaja inmediatamente a quien la recibe y a quien la practica. Inspírese en cómo camina un gato y "camine" con sus manos. Esta actividad permite tocar, presionar a un ritmo regular sin cansancio ni fuerza (la mano no aprieta, es el peso de su cuerpo que produce la presión suficiente), y encadenar distintas maniobras sin movimientos bruscos, al mismo tiempo que da una sensación muy agradable y relajante.

¡Un ejercicio mágico de relajamiento!

No es posible relajarse sin exhalar. La inhalación es activa mientras que la exhalación es pasiva. Cada movimiento (masajeo, presión con deslizamiento, estiramiento, movilización, etcétera) que exige precisión, esfuerzo, capacidad, será ejecutado durante la exhalación permitiendo una realización suave y suelta. Para verificarlo, le propongo hacer el ejercicio "se me caen los brazos":

Colóquese de pie y deje caer sus brazos sin detenerlos mientras inhala.

Ahora, al contrario, déjelos caer mientras exhala. Constate la sensación de soltura y de relajamiento completo que se tiene durante la exhalación y, al contrario, la dificultad de estos mismos movimientos al inhalar.

Le propongo practicar en la vida diaria este ejercicio de soltura con la exhalación. Es el más sencillo, más corto y más eficaz para relajarse inmediatamente. Lo sugiero para el artista antes de entrar a escena, el conferencista antes de su discurso o usted mismo cuando sienta que lo necesita.

¡Guuuuuuaaaaaaauuuuuu!

En familia, con amigos o en solitario, en la sala sobre una alfombra, en el sofá, en una silla, en la tina del baño, en la cama, cualquier lugar es propicio para practicar el masaje cotidiano.
La mayoría de las técnicas presentadas en este capítulo pueden ser utilizadas y adaptadas a todas las situaciones descritas en este libro, pero sin duda la casa, ahí donde vivimos, es el lugar ideal para atreverse al masaje sin moderación, para gozarlo plenamente.

¡Y, por supuesto, cada masaje es intercambiable entre quien lo da y quien lo recibe!

EN LA CASA

La relajación total en el suelo

EN EL SUELO

¿Quién no ha deseado, después de una jornada de trabajo, poder relajarse algunos minutos sin hacer nada? Hay muchos métodos de relajación, pero a menudo exigen un esfuerzo personal. Aquí les propongo los movimientos de *relaxinesis*, que es una técnica fácil y creativa para dos personas que permite relajarse totalmente y proporciona una firme e inmediata sensación de bienestar.

DURACIÓN	¿DÓNDE?	¿CUÁNDO?
5 a 6 minutos.	En el suelo, sobre un tapete confortable.	En cualquier momento, cuando sea necesario.

¿CÓMO?

Su pareja estará recostada y relajada en el tapete.

1 Empiece por colocar las manos sobre sus caderas y provoque pequeñas sacudidas suaves para lograr que se suelte a nivel de la pelvis y obtener un movimiento de ondulación que se propague. Luego, arrodillado al lado de su pareja, aplique pequeños movimientos de rodillos en la pierna como si trabajara con pasta para modelar, partiendo de la parte superior del muslo hasta el pie. Haga lo mismo con la otra pierna.

2 Después, aplique estos mismos movimientos de rodillos con sus manos (imagine pasta para modelar) en cada brazo, que están colocados en el suelo, bajando desde la parte superior del bíceps u hombro, hasta las puntas de los dedos. Sus dos manos permanecen paralelas e imprimen un movimiento rápido que "sacude" todo el brazo, especialmente la muñeca y la mano.

1

2

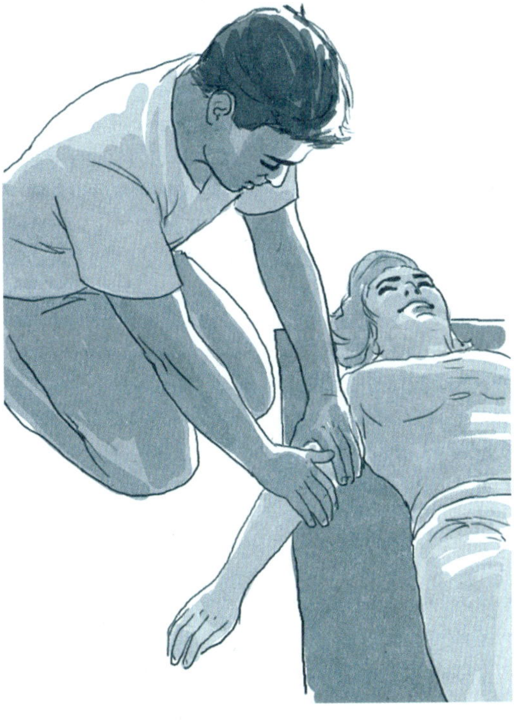

3 Termine este recorrido colocando las manos de su pareja en el suelo con las palmas hacia arriba. Estos movimientos pueden repetirse dos o tres veces.

Nota: son especialmente indicados para empezar a aplicar masajes a personas muy contracturadas que de entrada no soportarían que les levantaran las piernas; los movimientos de rodillos en el suelo permiten soltarse más fácilmente que en suspensión.

4 Ahora, póngase de pie, las piernas ligeramente flexionadas, a la altura de los hombros de su pareja, que sigue recostada. Levante uno de los brazos y sosténgalo con dos de sus dedos, el índice y el mayor, con una o las dos manos (esta manera de sujetar con los dedos evita aplastar la mano o apretar la muñeca de sus pareja). Luego aplique estiramientos leves hacia arriba y pequeñas sacudidas sobre las articulaciones de los dedos, de la muñeca, del codo y del hombro de su pareja. Juegue en el espacio con la gravedad (movimiento del títere, vea la página 10).

CONSEJOS

Para el confort de quien recibe el masaje, asegúrese que su brazo caiga sobre una superficie agradable, una toalla o un tapete blando. Evite tener las manos frías, para ello, puede frotarlas entre sí para calentarlas.

3

4

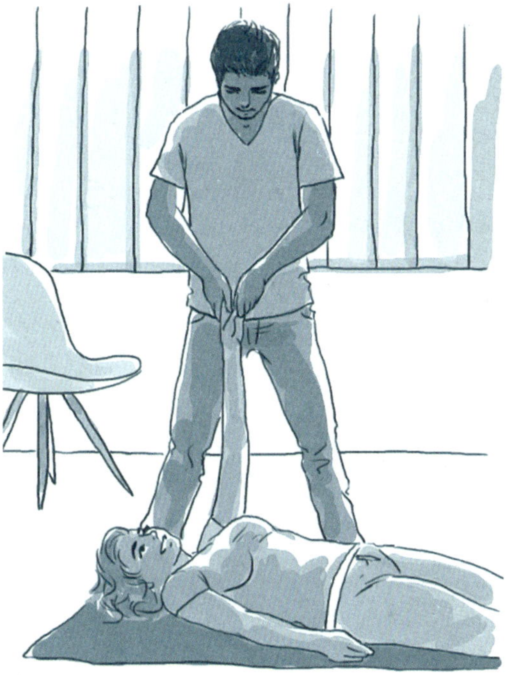

¿POR QUÉ?

Estos movimientos de *relaxinesis* permiten soltarse rápidamente, dando una sensación de descanso general que facilita la aplicación de maniobras más elaboradas, que llevan a una relajación total. Los efectos inmediatos de este método son: un descanso en la región de la pelvis, de la cintura, así como del diafragma durante la respiración, una sensación de aligeramiento de los miembros superiores e inferiores, además de seguridad y bienestar total.

Gran descanso de las piernas

EN EL SUELO

¡Qué placer produce poder relajar las piernas cansadas, que se sienten pesadas después de una jornada de trabajo y descansar algunos instantes sin tener que hacer ningún esfuerzo!

La góndola

He aquí una manera original de aliviar el cansancio de las piernas, relajar la pelvis y automasajear las lumbares.

DURACIÓN	¿DÓNDE?	¿CUÁNDO?
1 a 2 minutos.	En el suelo, sobre un tapete confortable.	En cualquier momento, cuando sea necesario.

¿CÓMO?

1 Usted se coloca de pie, delante de los pies de su pareja recostada cómodamente boca arriba, sobre un tapete grueso. Levante sus piernas bastante alto, de manera que no necesite sostenerlas, sino simplemente guiarlas. Puede entonces moverlas, de adelante hacia atrás o de derecha izquierda, por ejemplo, como en una góndola.

2 Haga pequeños círculos con las dos piernas aumentando progresivamente la amplitud.

CONSEJOS

Para hacer más fácil este movimiento, el masajista se instala como un "contrapeso". De este modo, la presión se da sin ningún esfuerzo gracias al desplazamiento de su cuerpo y no con la fuerza de los brazos. Este movimiento no se sugiere en caso de ciática dolorosa.

1

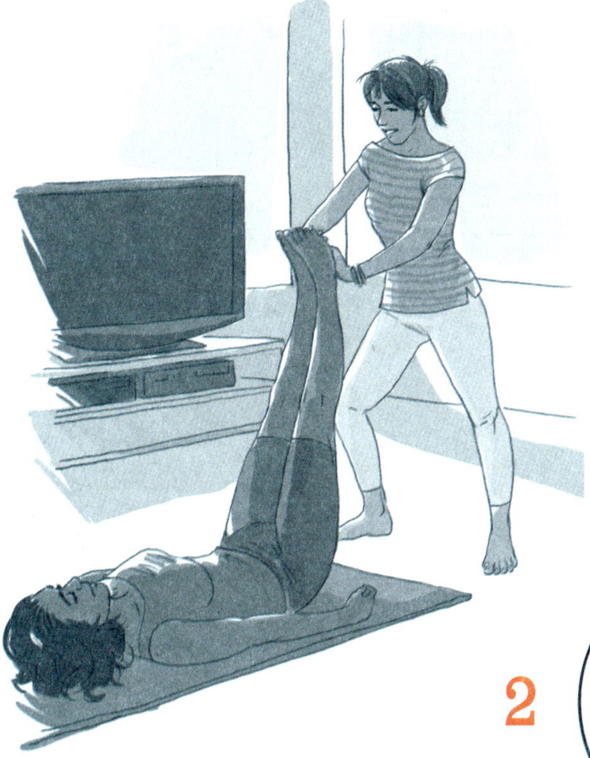

2

¿POR QUÉ?

Este es un excelente masaje para la parte baja de la espalda que, sin hacer ningún esfuerzo, pone bien en plano a la pelvis y reduce el puente lumbar. También da alivio a los miembros inferiores, la pelvis y el vientre. Es excelente para mejorar la circulación sanguínea de retorno.

El balanceo

EN EL SUELO

Otra manera muy sencilla de descansar las piernas.

DURACIÓN	¿DÓNDE?	¿CUÁNDO?
1 a 2 minutos.	En el suelo, sobre un tapete confortable.	En cualquier momento, cuando sea necesario.

¿CÓMO?

Usted se mantiene de pie con las piernas ligeramente flexionadas. Delante estarán los pies de su pareja, que sujetará de los talones. Va a balancear ambas piernas, a uno y otro lado. Una vez más, no haga el esfuerzo con sus brazos sino que debe moverse de derecha a izquierda, de manera que transfiera el peso de su cuerpo sobre cada uno de sus pies por turnos. Así, sus brazos que sólo cargan seguirán sin cansarse. Puede hacer también el mismo movimiento con cada pierna, un vaivén rápido y suelto, hacia cada lado, que irá ampliando progresivamente.

CONSEJOS

Para hacer este movimiento de manera adecuada, sus brazos deben estar totalmente sueltos para darle ligereza.

El plus: también puede jugar con la gravedad, mover las piernas de su pareja de arriba a abajo arriba, hacer pequeños círculos o probar dejar caer las piernas por algunos centímetros y alcanzar el pie antes de que toque el suelo.

¿POR QUÉ?

Esta maniobra, con la pierna en posición de declive, favorece la circulación de retorno, relaja la pelvis, el vientre, el diafragma y distiende la respiración. La pierna y su articulación con la pelvis se relajan notablemente, lo que facilita que se suelten. El descanso en las piernas es inmediato.

Soltarse completamente

EN EL SUELO

Para terminar este gran descanso de las piernas y la pelvis, se deben relajar las caderas.

DURACIÓN	¿DÓNDE?	¿CUÁNDO?
2 minutos.	En la sala o en la recámara, en el suelo sobre un tapete confortable.	En cualquier momento, cuando sea necesario.

¿CÓMO?

1 Su pareja estará recostada confortablemente en el suelo, boca arriba. Colóquese cerca de su pelvis, apoyándose sobre una de sus rodillas para evitar fatigarse. Con una mano sostenga un pie y con la otra la rodilla de su pareja; su pierna se encontrará flexionada.

2 Abra de lado la pierna doblada para hacerla describir pequeños círculos, en un sentido y luego en el otro. Estos círculos dibujan movimientos en espiral que van creciendo para hacerse más amplios, hasta producir un movimiento que actúe sobre la pelvis.

CONSEJOS

Antes de empezar espere a que la pierna de su pareja descanse con todo su peso, suelta en su mano.

1

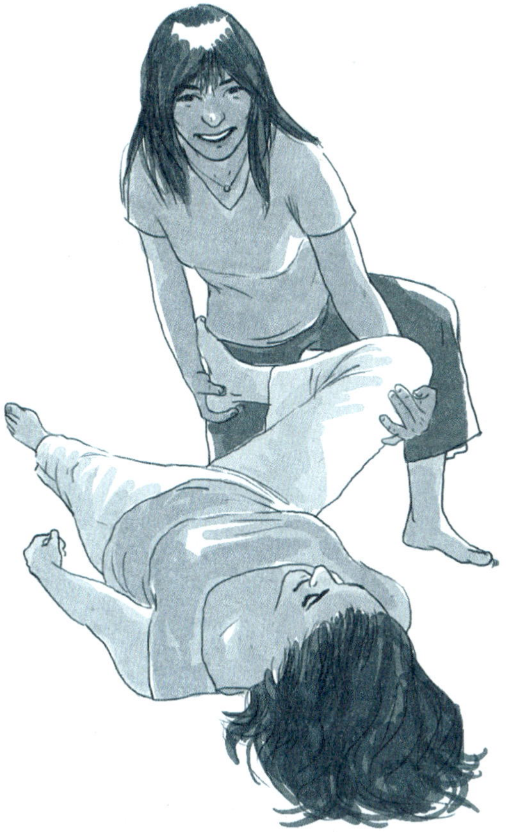

2

¿POR QUÉ?

Este movimiento es particularmente favorable para desbloquear, flexibilizar y "abrir" las caderas. Es excelente como preparación para el trabajo de parto de mujeres embarazadas.

Gran relajamiento de los brazos

EN EL SUELO

Los brazos, como las piernas, que son muy utilizados cotidianamente, también necesitan descanso. Con estos movimientos de relajamiento aprenderán al mismo tiempo a soltarse completamente y a dejarse masajear.

El metrónomo

Estos lanzamientos de brazos, que imitan el movimiento del péndulo de un metrónomo, son un excelente ejercicio para aprender a soltarse.

DURACIÓN	¿DÓNDE?	¿CUÁNDO?
1 a 2 minutos.	En el suelo o sobre la cama.	En cualquier momento.

¿CÓMO?

1 Colóquese de rodillas a la altura de la pelvis de su pareja, quien estará recostada. Tómele la mano hasta levantar su antebrazo mientras el codo permanece en el suelo. Láncela hacia su otra mano que la recibirá para luego volverla a lanzar. Este movimiento de vaivén, de una mano a la otra, recuerda el movimiento regular del péndulo de un metrónomo, "tic-tac, tic-tac". Realice este movimiento de ida y vuelta por lo menos cinco veces con cada brazo.

2 Variante: repita este movimiento ahora con el brazo entero. Para ello, levante el codo de su pareja con la palma de su mano, láncelo y recíbalo, con la otra mano amortiguando la recepción, después vuelva a lanzarlo.

CONSEJOS

Si a su pareja le cuesta trabajo soltarse, limítese únicamente a lanzar el antebrazo. Pídale que exhale durante cada caída de los brazos.

1

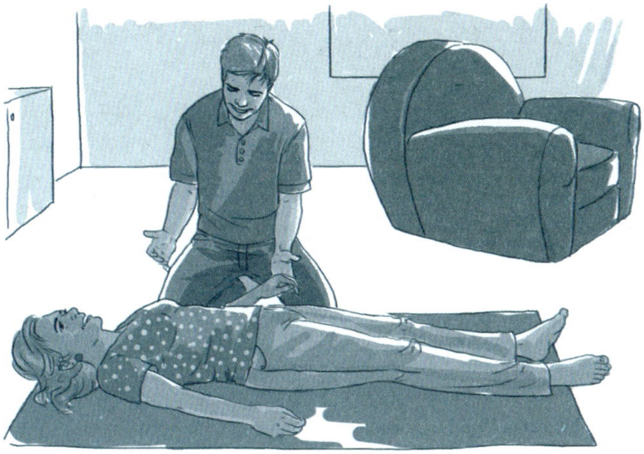

2

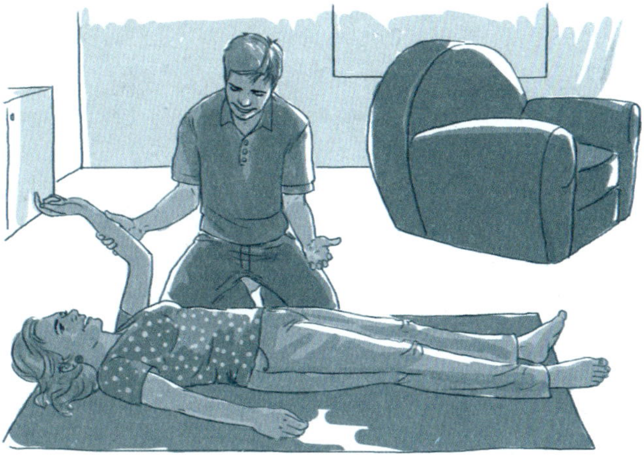

¿POR QUÉ?

Esta maniobra permite relajar la muñeca, la mano, el brazo, así como el hombro. Ayuda a soltarse en especial a las personas que tienen dificultad para relajarse y proporciona la sensación muy agradable de descanso total.

Alas de pájaro

EN EL SUELO

Esta maniobra es interesante, ya que es al mismo tiempo lúdica, agradable y espectacular. ¡Este movimiento de aleteo sorprenderá a más de uno!

DURACIÓN	¿DÓNDE?	¿CUÁNDO?
Menos de 1 minuto.	En el suelo, sobre un tapete confortable o sobre la cama.	En cualquier momento disponible del día, cuando surja una sensación de pesadez o de contracción de los brazos y de los hombros.

¿CÓMO?

Ubíquese atrás de la cabeza de su pareja, quien estará recostada boca abajo. Adopte una posición confortable. Tome las manos de su pareja, crúcelas al nivel de las muñecas y colóquelas encima de su cabeza manteniéndolas firmes. Levante ligeramente sus brazos, sin hacer esfuerzo de su parte (movimiento del "títere") y haga un movimiento de adelante hacia atrás, acompañándolo con su cuerpo. Este espectacular movimiento evoca a un pájaro desplegando sus alas para tomar vuelo. ¡Imagine ser ese pájaro!

CONSEJOS

Este movimiento de alas de pájaro sólo se puede realizar adecuadamente si su pareja suelta bien los brazos y los hombros. En caso contrario puede realizar una variante muy fácil: movilice los dos brazos juntos de su pareja pero separados y sostenidos cada uno por sus dedos índice y mayor.

¿POR QUÉ?

Esta maniobra permite soltar la parte superior del cuerpo y relajar la respiración.

Hace descansar el conjunto de los brazos y los hombros.

Estirarse

EN EL SUELO

Los deportistas, los actores... pero también muchos animales como los gatos y los perros, utilizan los estiramientos como calentamiento o como preparación para el ejercicio. Pero no sólo eso, estirarse también es un remedio para relajarse del estrés, o bien, de manera preventiva. No se sabe explicar muy bien esta necesidad de estirarse, pero se debe constatar que inmediatamente genera una sensación de mejoría. ¡En todos los casos es rico y aún más entre dos!

Estirar las piernas

Es una excelente manera de relajar las piernas tensas o pesadas.

DURACIÓN	¿DÓNDE?	¿CUÁNDO?
1 minuto.	Una habitación donde pueda tenderse.	Cuando las piernas han trabajado mucho.

¿CÓMO?

1 Usted debe colocarse arrodillado delante de los pies de su pareja, quien está recostada confortablemente sobre la espalda, con los dos talones colocados sobre sus muslos. Sus dos manos agarran y sostienen los pies por la parte superior y luego su cuerpo se inclina hacia atrás exhalando, lo que provoca un estiramiento completo de las piernas y los pies de su pareja durante el estiramiento.

2 Puede también estar de pie con las rodillas ligeramente flexionadas. Levante entonces las piernas de su pareja y sosténgalas por el talón en su palma. Colúmpiese suavemente hacia atrás: ¡es la posición de quien monta a caballo! Realiza de esa manera un estiramiento progresivo, muy suave y sin esfuerzo.

CONSEJOS

No se aconseja realizar esta maniobra en caso de ciática.

1

2

¿POR QUÉ?

El estiramiento es un buen medio para quitar las contracturas, para descansar. Da una sensación inmediata de bienestar, y flexibiliza y estimula la circulación. Las piernas en posición sentada o de pie por mucho tiempo se vuelven pesadas o tensas. El estiramiento procura un alivio inmediato.

Estirar los brazos

EN EL SUELO

¡Para liberar un rato toda la parte superior del cuerpo nada mejor que un estiramiento de los brazos!

DURACIÓN	¿DÓNDE?	¿CUÁNDO?
1 minuto.	Cualquier habitación que tenga suficiente espacio para tenderse.	En cualquier momento del día, cuando se manifiesta una sensación de pesadez o de contracción de los brazos y los hombros.

¿CÓMO?

De rodillas atrás de su pareja, recostada confortablemente boca arriba. Usted sujeta los pulgares y las palmas de sus manos, exhalando estira los brazos, paralelamente al cuerpo, dejándose ir hacia atrás. Luego, inhalando, los suelta ligeramente. Haga de nuevo el ejercicio tres o cuatro veces, estirando un poco más en cada exhalación.

CONSEJOS

Al tomar los pulgares y las palmas de su pareja, hágalo con decisión, lo hace más fácil y evita pellizcar o resbalarse.

¿POR QUÉ?

El estiramiento es una buena manera de quitar las contracturas y descansar. Produce una sensación inmediata de bienestar, flexibiliza y estimula la circulación, y al estirar los brazos usted también ayuda al busto, el vientre y la pelvis.

Masaje de rodillo en la espalda: el tentetieso* o esquí acuático

EN EL SUELO

DURACIÓN	¿DÓNDE?	¿CUÁNDO?
Menos de un minuto.	Cualquier habitación que tenga suficiente espacio para poder tenderse.	Al final del día, para deshacerse de las tensiones acumuladas.

¿CÓMO?

1 Levante, con sus dos manos, las piernas de su pareja por los pies. Llévelas justo delante de su cabeza, lo que va a provocar que se levanten ligeramente su pelvis y una parte de su espalda. Ahora, de pie atrás de su cabeza, sus pies bien colocados en el piso y las piernas ligeramente flexionadas, agarre sus talones sin tensar sus manos y sus dedos. Realice entonces un movimiento de adelante hacia atrás y de regreso, lo que va a despegar un poco más la pelvis y una parte de la espalda. Este movimiento se hace sin ningún esfuerzo. La posición que se adopta para practicarlo es similar a la del esquiador acuático que, llevado por una lancha, mantiene el equilibrio colocando el peso de su cuerpo hacia atrás.

CONSEJOS

Nuevamente, es el balanceo tranquilo de su cuerpo hacia atrás el que provoca el movimiento y no los brazos que jalan con fuerza. Su pareja puede también soltar sus piernas flexionadas con las rodillas cerca del tórax.

* Tentetieso: son los muñecos, generalmente inflables o hechos de otro material ligero e incluso huecos, que tienen un contrapeso en la base para que, movidos en cualquier dirección, vuelvan siempre a quedar derechos.

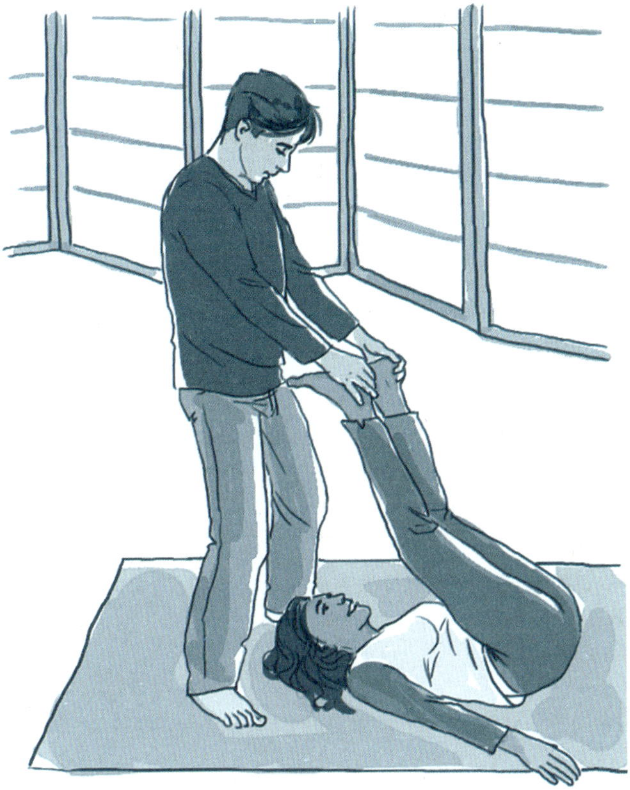

¿POR QUÉ?

Este movimiento, que recuerda al tentetieso que todo el mundo conoce, provoca un estiramiento de toda la espalda, al redondearla, y es muy agradable de aplicar y recibir. Se obtiene también una buena relajación del vientre y... ¡confianza en sí mismo!

Estirar las piernas y los brazos al mismo tiempo

EN EL SUELO

DURACIÓN	¿DÓNDE?	¿CUÁNDO?
2 minutos.	En una habitación con suficiente espacio.	En cualquier momento disponible.

¿CÓMO?

1 Para esta maniobra se necesitan tres personas, una recostada en el suelo, quien se va a estirar, y otras dos personas, una a cada extremo de su cuerpo. Una va a sujetar los tobillos de la persona en el suelo y la otra sus manos por los pulgares. Cada una, suavemente y al mismo tiempo, balancea su cuerpo hacia atrás con un ritmo lento y regular, a manera de producir un estiramiento progresivo de sus propias piernas y al mismo tiempo en los brazos de la persona en el suelo.

Luego, cada una aumentará ligeramente su balanceo en cada estiramiento para obtener uno más intenso.

CONSEJOS

Para las personas que realizan el estiramiento, se trata de encontrar un buen punto de agarre para que las manos no resbalen ni aprieten demasiado fuerte, sobre todo en los tobillos. Es indispensable estirar al mismo tiempo y progresivamente. Para hacerlo, sincronicen su respiración y extiendan el tiempo de la exhalación. Proponga a la persona en el suelo que exhalen todos al mismo tiempo.

¿POR QUÉ?

Este doble estiramiento, cuando está bien hecho, es extraordinario para quien lo recibe y agradable para quien lo aplica. El estiramiento y apertura se multiplican y dan una sensación inmediata y considerable de bienestar. Descanso, flexibilidad, relajamiento y estimulación, son los efectos de este estiramiento entre tres personas.

Masaje de los trapecios

EN UNA SILLA

Esta es una posición ideal para relajar la parte superior de la espalda. Usted descansará confortablemente instalado en su asiento mientras que en otro asiento estarán todas las tensiones y el estrés, que usted acapara siempre.

DURACIÓN	¿DÓNDE?	¿CUÁNDO?
1 minuto.	En una habitación de su elección, con un asiento disponible.	Es más eficaz al final del día.

¿CÓMO?

1 Tenemos aquí una posición idónea para relajar la parte superior de la espalda, la nuca y los hombros. Su pareja estará sentada frente a usted, la cabeza descansando contra su tórax, a la altura del esternón. Esta posición le permite practicar algunas maniobras de "patas de gato". Sujete de manera amplia, entre las palmas y los pulgares, los fuertes músculos de los trapecios para masajearlos suave pero vigorosamente. Sus manos se desplazarán del cuello hacia los hombros. Repita esto dos o tres veces.

2 Es posible hacer una variación de esta maniobra para el confort de los dos: usted también estará sentado y su pareja descansará sus codos sobre sus muslos.

CONSEJOS

Identifique una buena posición para que su pareja se coloque y se suelte completamente, contra el tórax de usted.

1

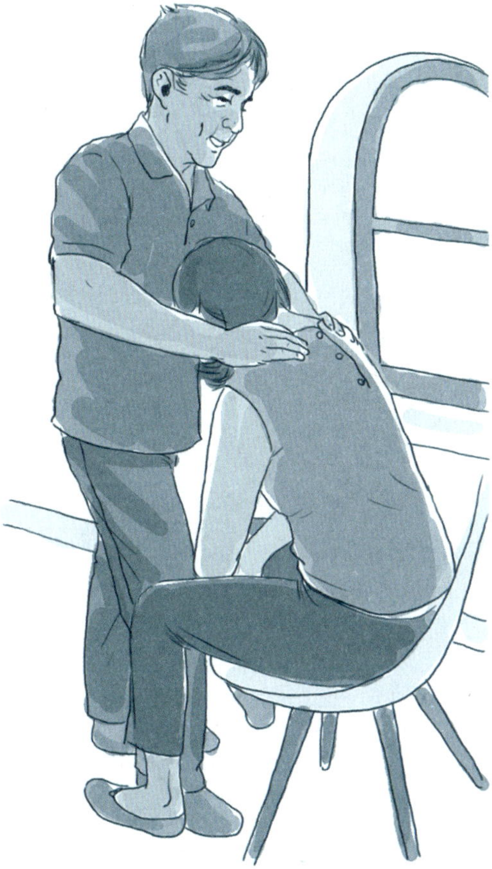

2

¿POR QUÉ?

Se aliviarán rápidamente todas las tensiones musculares debidas al estrés, el cansancio y las preocupaciones.

Masaje cuello contra cuello

EN UNA SILLA

El cuello es una región sensible que acumula rápidamente las tensiones. ¡Entre dos intenten este intercambio amigable para aliviarse mutuamente!

DURACIÓN	¿DÓNDE?	¿CUÁNDO?
1 a 2 minutos.	En un sitio de una habitación con dos asientos.	Al final del día, después de la jornada.

¿CÓMO?

1 La cabeza de cada quien descansará, al nivel de la frente, sobre el hombro de su pareja. Cada uno puede masajear con la palma abierta de una mano, con flexibilidad, el cuello de su pareja, y dirigir la mano lentamente desde la parte superior de la espalda hacia la base del cráneo. Los movimientos serán simultáneos.

2 Puede, de la misma manera, dar masaje con la palma abierta a los trapecios. Cambien de lado.

CONSEJOS

Encuentre la posición más confortable para apoyar la cabeza.

1

2

¿POR QUÉ?

Es una posición de intercambio amigable y simultáneo que relaja, libera las tensiones de la nuca y de la parte superior de la espalda.

Relajación exprés: ¡el despreocupado!

EN UNA SILLA

¡Imposible ignorar esta maniobra! Se trata en realidad de un movimiento suave de sus manos que resbalan desde la cabeza hasta la punta de los dedos de su pareja. ¡Un verdadero recorrido de frescura que le quita diez años a su rostro!

DURACIÓN	¿DÓNDE?	¿CUÁNDO?
2 minutos.	En una habitación ventilada.	La mejor opción es al final del día.

¿CÓMO?

1 Su pareja estará sentada en una silla o en un banco y se apoyará contra usted, que estará detrás. Verifique primero su relajamiento con un pequeño movimiento al nivel de los hombros: los brazos deben "bambolearse" libremente. Empiece entonces por liberar el "punto de las preocupaciones", que es la zona entre las cejas, colocando delicadamente sus dedos; luego, deslícelos masajeando alternativamente sobre este lugar hacia el exterior.

2 Alise la frente partiendo desde el punto de las preocupaciones hacia la sien. Aplique, eventualmente, algunos movimientos circulares ligeros.

3 Continúe por el cuero cabelludo. A partir de la sien, todos sus dedos van a subir y deslizarse en el cabello. Para facilitar este movimiento, suba sus codos. En el cabello, sus dedos "en peine", masajean como si aplicara champú al cuero cabelludo y sobre todo, dejan la piel deslizarse lentamente en el cráneo.

Para ello, mantenga la cabeza de su pareja siempre apoyada contra usted con sus palmas, mientras que la yema de sus dedos masajea el cuero cabelludo. Progresivamente, sus dedos van a desplazarse hacia detrás del cráneo. Es entonces que sus pulgares toman el relevo y masajean esta parte de la cabeza cercana al cuello.

1

2

Mantenga siempre la cabeza de su pareja entre sus palmas, apártela suavemente de su torso y colóquela muy derecha en el eje de su cuerpo. Sus manos entonces se deslizan a lo largo del cuello con "las palmas abiertas". El recorrido va a continuar por los hombros, los brazos, las manos, como en la maniobra "antiestrés exprés" (vea la página 144), deslizándose o eventualmente imprimiendo una presión regular siempre muy fluida en dirección de los dedos. Conserve un buen contacto con toda la palma y la parte delantera de la mano.

4 Dedique un tiempo para retirar lentamente los dedos, centímetro a centímetro. Aproveche esta última etapa, al momento de soltar los dedos, para relajarse usted mismo mientras exhala.

CONSEJOS

El respaldo de la silla puede estorbar para esta maniobra. Gírelo entonces hacia el otro lado. Para que esta maniobra tenga plena eficacia, procure que el cuello de su pareja no esté demasiado doblado hacia atrás y que usted no se incline demasiado hacia adelante por temor a aplastarlo. Que la manera de sentarse no provoque un arqueo lumbar importante. No dude entonces en sujetar a su pareja contra una de sus piernas. Este recorrido se hace de una sola vez, conservando la fluidez de principio a fin y por supuesto sin dar marcha atrás nunca.

3

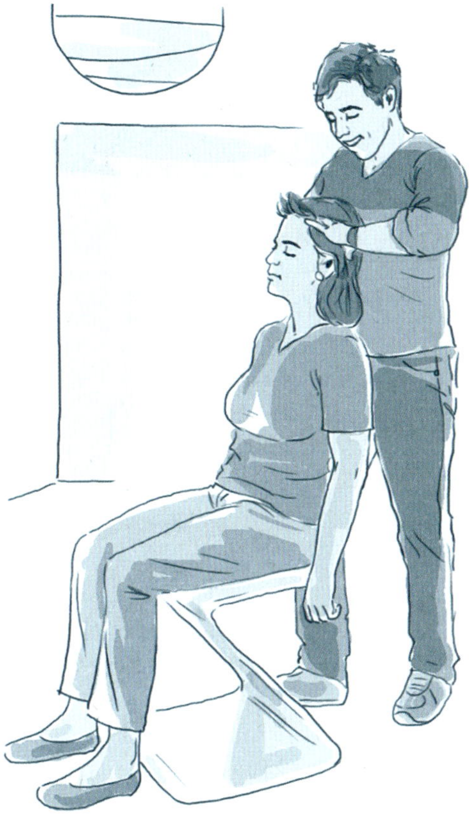

4

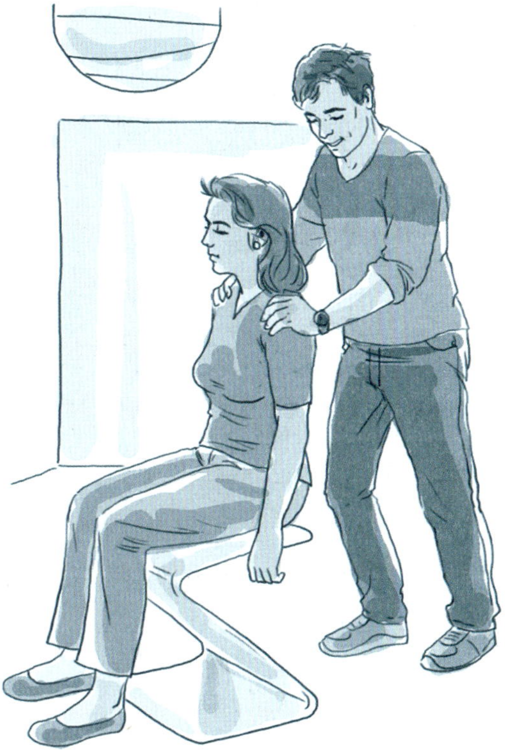

¿POR QUÉ?

Esta maniobra proporciona una sensación exquisita de bienestar, un relajamiento de los músculos del rostro que lo dejará descansado y rejuvenecido, ¡los ojos redondos, abiertos, brillantes! Las preocupaciones desaparecen y reina la calma en la cabeza.

Masaje del arco del pie

EN UNA SILLA

¡Este es el comodín! Con o sin calcetines, recostado o sentado, de pie o aun flotando en el agua, solo o a cuatro manos, un pie después del otro o los dos al mismo tiempo. El masaje de los pies encuentra aplicaciones en todas partes. Esta es una técnica sencilla y muy confortable, todo mientras se está sentado.

DURACIÓN	¿DÓNDE?	¿CUÁNDO?
1 a 2 minutos por pie.	En una habitación con dos sillas.	Evitarlo antes de acostarse.

¿CÓMO?

1 Usted estará sentado en una silla o un banco y colocará una de las piernas de su pareja, que se encuentra también sentada, sobre sus propios muslos, al nivel de dos "huecos" de la pierna, el de su rodilla y el de su tendón de Aquiles. Son puntos de apoyo más confortables que liberan a la pantorrilla. Verifique su relajamiento aplicando un ligero movimiento de rodillo de pierna sobre el muslo. Luego empiece con algunos movimientos de rotación del pie. Para eso, sostenga con firmeza el tobillo con una mano, y con la otra haga un movimiento de rotación del pie aumentando progresivamente la amplitud con un movimiento de caracol o en espiral.

2 Tome el pie con sus dos manos y presione el arco de la planta del pie con todos sus dedos como si exprimiera una esponja. Sus dedos no hacen fuerza gracias al movimiento de balanceo ligero de su cuerpo. Desplace sus manos varias veces, progresivamente, alternativamente, una tras otra, sin soltar nunca, desde los dedos de los pies hasta el talón.

CONSEJOS

Para los pies cosquillosos, agarre el pie con firmeza y sin titubear; por lo general, después de algunos segundos, la sensación de cosquilleo desaparece.

1

2

¿POR QUÉ?

Excelente para las piernas pesadas, el cansancio en general, la falta de tono muscular. Estimula la circulación de regreso y el organismo entero (zona reflejo). La sensación de bienestar es inmediata.

El fabuloso masaje de la mano

EN UNA SILLA

Como en el caso del pie, el masaje de la mano puede aplicarse muy fácilmente en cualquier lugar y en cualquier momento. Se puede aplicar de manera muy específica en caso de problemas ligados a la mano, o bien, para estimular el bienestar general del cuerpo, ya que sus efectos repercuten en el conjunto de la persona. Dos maneras de ver las cosas, tan eficaces una como la otra. ¡Entonces, en casa, con los niños, con su cónyuge, entre amigos, use y abuse de este masaje!

DURACIÓN	¿DÓNDE?	¿CUÁNDO?
2 a 5 minutos por mano.	En cualquier lugar de su casa, a condición de disponer de dos sillas.	En cualquier momento.

¿CÓMO?

1 Su posición y la de su pareja, a quien va a dar el masaje, no tienen una importancia capital. Sentado o recostado, lo esencial es sentirse bien, el uno y el otro confortablemente instalados. Pero para un confort óptimo de ambos, colóquese de preferencia frente al eje del brazo del quien recibe el masaje y deje descansar su antebrazo en un cojín o directamente en el muslo de usted. Empiece tomando con delicadeza la mano de su pareja, para moverle suavemente la muñeca en todos los sentidos (flexión, extensión, rotación). Después alise, con su palma, la mano abierta, (palma hacia arriba) de su pareja. Deslice sus manos debajo de la de su pareja y, con sus pulgares, masajee el interior de su palma, las dos masas musculares a los lados y la articulación de la muñeca con pequeñas presiones que se deslizan.

2 Puede también aplicar un masaje suave pero firme al conjunto de la mano y, partiendo de la raíz de cada dedo, subir lentamente con un movimiento en espiral (como de un sacacorchos) hasta la yema. Puede utilizar también su puño cerrado, pero flexible, para presionar la palma o sólo su pulgar para presiones más específicas.

3 Métase en cada hueco, en cada pliegue de la mano de su pareja. Haga de cada movimiento una pequeña aventura de nuevos descubrimientos. Abra la palma, las líneas de la vida, de la suerte, del corazón, ¡qué delicia! Muy rápidamente, encontrará muchas otras maniobras dejando escurrir sus dedos y su imaginación. No pierda el contacto, que todos sus movimientos se encadenen como una sola y misma maniobra que camina al infinito. ¡Y no olvide la otra mano!

CONSEJOS

Evite usar relojes, pulseras, anillos que puedan obstaculizar las maniobras. En la parte superior de la mano el masaje será más suave como para todas las partes del cuerpo desprovistas de masa muscular. Eventualmente puede utilizar una gotita de aceite.

3

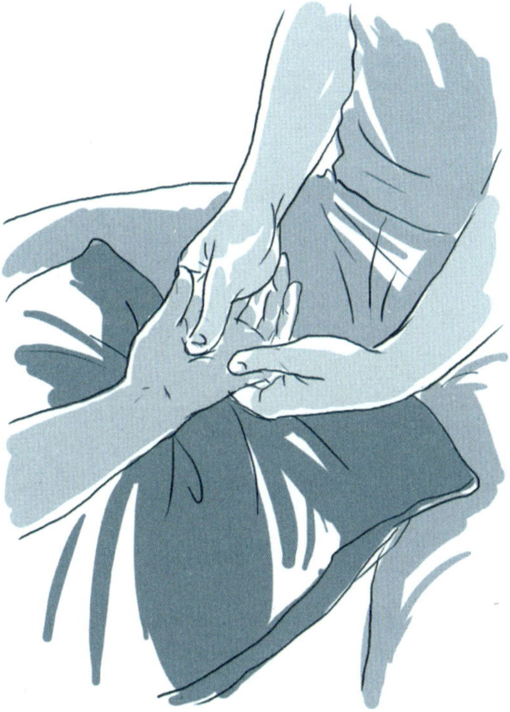

4

¿POR QUÉ?

El masaje de las manos tiene múltiples efectos. Es benéfico para todos los problemas de dolor en las manos y los llamados calambres del escritor, pero sobre todo proporciona siempre un descanso general y un excelente apaciguamiento, que tranquiliza a las personas agitadas, angustiadas, víctimas de insomnios y estresadas. La mano (como la lengua), posee la mayoría de terminaciones nerviosas del cuerpo. Es el masaje sensitivo por excelencia. Es un masaje de comunicación que aumenta la confianza. Es también uno de los mejores medios para descubrir y dar a conocer el masaje.

Masaje de la espalda, sentado, con aceite

EN UNA SILLA

Una posición poco común y particularmente práctica para dar masaje en la espalda y sobre todo en los fuertes músculos trapecios y la nuca, sin esfuerzo y con mucha creatividad.

DURACIÓN	¿DÓNDE?	¿CUÁNDO?
3 a 5 minutos.	Un sitio donde no haga frío.	No importa, pero evitarlo justo antes de acostarse.

¿CÓMO?

1 Su pareja estará sentada, apoyándose en un cojín delante de su pecho y abajo de sus brazos. Su cabeza descansa sobre sus manos, al nivel de la frente. Empiece con algunos roces con la palma abierta en toda la espalda. Luego dé masajes a los trapecios con sus dos manos, utilizando la palma entera y los dedos, como lo haríamos para una masa de pan, pero sin pellizcar. Deslice varias veces sus manos desde el cuello hacia los hombros, alternativamente, de un lado y del otro, con ritmo. De cuando en cuando, agregue algunas maniobras deslizantes de bajada, hacia las lumbares. Repita varias veces estos movimientos.

CONSEJOS

La pareja que recibe el masaje descansa su frente sobre sus dos manos para liberar su nariz y permitirle respirar.

Puede utilizar algunas gotas de aceite, pero sin exceso para evitar resbalarse. El masaje será más eficaz si las presiones se ejercen con más profundidad.

¿POR QUÉ?

Esta maniobra aligera los hombros, elimina las tensiones y las contracturas de la parte superior de la espalda y reactiva el tono muscular.

Masaje exprés de las lumbares

EN EL SOFÁ

Resfriado, cansancio, dolor de articulaciones, dolor de las lumbares… Esta es una maniobra que, de golpe, le dará alivio: ¡el calienta-lumbares!

DURACIÓN	¿DÓNDE?	¿CUÁNDO?
Algunos segundos.	Un lugar donde pueda encontrar un apoyo para su pareja, una mesa, un sofá…	Cuando sea necesario.

¿CÓMO?

1 Su pareja puede apoyarse en una mesa, con el vientre en un cojín para mayor comodidad, y usted de pie a su lado. O bien, sentado en el sofá y su pareja recostada a lo largo del sofá sobre sus piernas, de manera que sus lumbares estén al alcance de las manos de usted. Empiece primero con roces de relajamiento sobre la zona lumbar con sus dos manos.

2 Luego, con una mano bien extendida (o las dos alternativamente), va a frotar esta zona rápidamente con los dedos ligeramente abiertos, a base de movimientos de vaivén. Puede utilizar un poco de aceite (una crema o un bálsamo caliente si es necesario), excepto para el roce.

CONSEJOS

El movimiento de sus manos debe ser muy rápido y corto. Se deslizan en pequeños trayectos no importa su sentido, pero siempre con flexibilidad. Esta maniobra puede realizarse también como automasaje. Sus dos palmas muy extendidas van a frotar de cada lado sobre las lumbares y de arriba abajo. Si frota con una sola mano, la otra sirve para sujetarse apoyándose ligeramente sobre el cuerpo de su pareja.

1

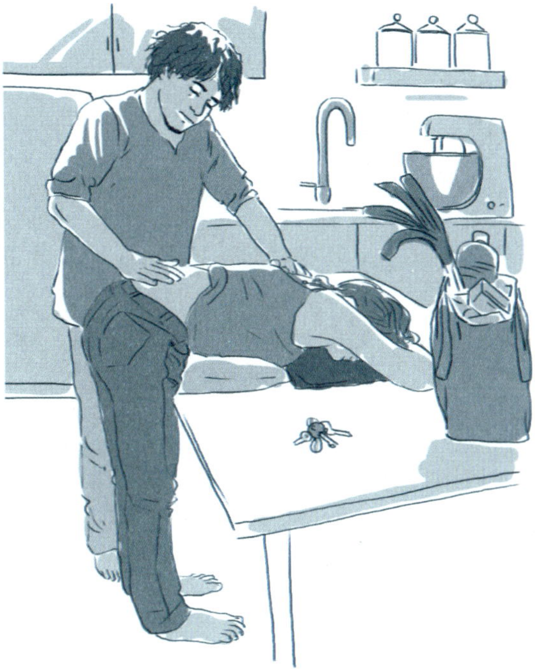

2

¿POR QUÉ?

La frotación provoca calor, es decir, "el efecto Joule", y el calor es favorable en caso de dolor muscular.

Masaje de los dos pies simultáneamente

EN EL SOFÁ

Tres tardes por semana es usted quien trabaja y su compañero o compañera lo hace las otras tres… Y el domingo en la mañana es para "¡quedarse en cama!" Entonces, después de la ducha o cuando esté viendo su programa favorito, o escuchando su música preferida, o aun justo antes del aperitivo, confortablemente instalado en su sillón o su sofá, ¡escoja el ambiente que más le guste!

DURACIÓN	¿DÓNDE?	¿CUÁNDO?
3 a 4 minutos.	En el diván, el sofá, el sillón o aun sobre un tapete.	¡Al final del día es, sin lugar a dudas, lo mejor!

¿CÓMO?

1. Usted se coloca de pie, frente a su pareja, en el extremo del sofá o del sillón. Realice primero un masaje "con presiones deslizantes" sobre toda la superficie del arco de los pies (vea la página 68).
2. Luego, levante los pies de su pareja y realice uno o dos estiramientos de las piernas, sosteniendo los pies por los talones o por la parte delantera y cargando el peso de su cuerpo hacia atrás (2 o 3 idas y vueltas).

1

2

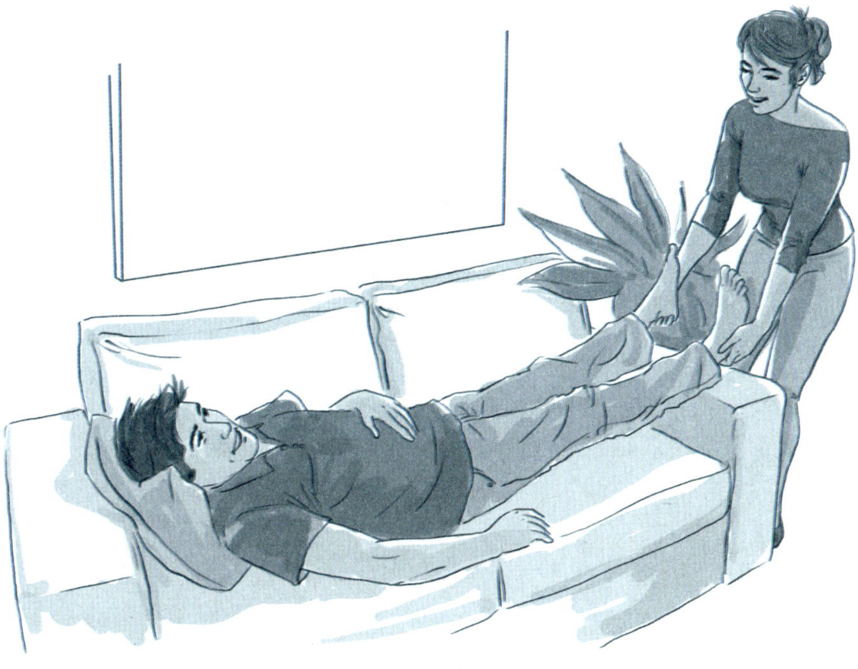

3 Enseguida dé vuelta a los pies de su pareja hacia el exterior y, esta vez, el estiramiento se hará por presión del peso de su cuerpo hacia adelante, provocando un estiramiento y una apertura de las dos piernas.

4 Termine con un descanso "futbolito": tome uno de los pies de su pareja en su palma e imprímale un movimiento de rotación rápido alrededor de su eje. Este movimiento de la muñeca (llamado en términos médicos "pronosupinación") recuerda el que se practica cuando jugamos futbolito. Para lograr esta maniobra, utilice su brazo del mismo lado que la pierna de su pareja. El movimiento de la muñeca debe ser rápido y suelto o no funciona, y su brazo sigue relajado. Haga lo mismo con la otra pierna.

CONSEJOS

Una gotita de aceite para mejorar la fluidez: una gotita y nada más, pues usted puede masajear directamente sobre los calcetines.

Para las presiones, evite forzar con los dedos y utilice de preferencia la técnica del balanceo del peso del cuerpo.

3

4

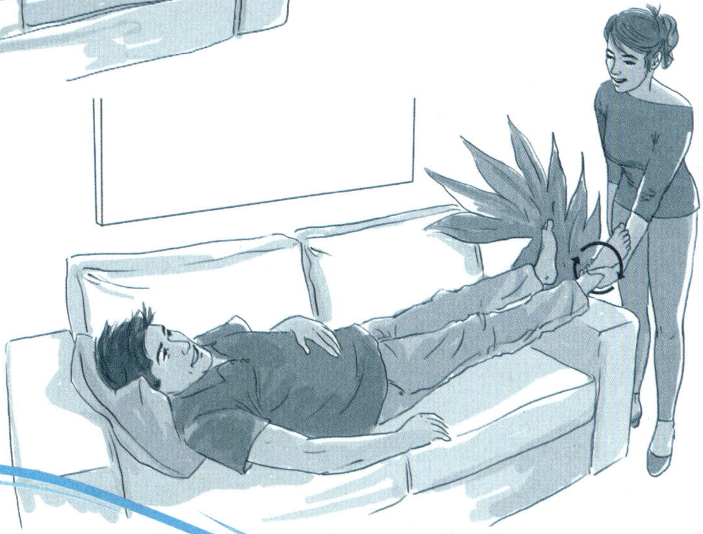

¿POR QUÉ?

El masaje de los pies tiene innumerables efectos. Descanso general, relajante y bueno para la circulación, son los efectos inmediatos. Además, el masaje del arco de la planta del pie permite estimular las zonas reflejo, ligadas a diferentes funciones u órganos del cuerpo, lo que proporciona esta sensación de bienestar y, a veces, puede disminuir, incluso eliminar, ciertos síntomas desagradables. El movimiento del "futbolito" relaja todo el miembro inferior y permite a veces vencer ciertas resistencias. Pero es necesario que la persona que reciba el masaje se suelte y descargue totalmente su pierna y ¡es cierto que no siempre es fácil!

Masaje de los pies por separado

EN EL SOFÁ

Usted y su pareja no tienen prisa, disponen de más tiempo; instálense confortablemente en el sofá y dense un masaje en cada pie por turnos. Esta posición privilegiada les permitirá relajar y descansar las piernas... ¡en el entusiasmo!

DURACIÓN	¿DÓNDE?	¿CUÁNDO?
1 a 2 minutos por pie.	En la sala, en el sofá, un sillón o aun sobre un tapete.	Ideal al final del día... o el domingo.

¿CÓMO?

1 Estará sentado en un extremo del sofá y su pareja estará recostada en el sofá, la cabeza confortablemente apoyada en el otro extremo y sus dos pies descansan sobre los muslos de usted.

Empiece por algunos movimientos de rotación de un pie, luego presione el arco de la planta del pie con todos sus dedos. Desplace sus manos varias veces progresivamente, alternativamente, una tras otra —sin soltarlas— desde los dedos de los pies hasta el talón (vea la página 44).

2 Termine con estiramientos del pie, sosteniendo con una mano el tobillo, y con su antebrazo libre estire el pie no con fuerza sino inclinando el peso de su cuerpo hacia atrás. ¡No olvide el otro pie ni alternarlos!

CONSEJOS

Tome el tiempo necesario para instalarse cómodamente para empezar este masaje completamente relajado.

1

2

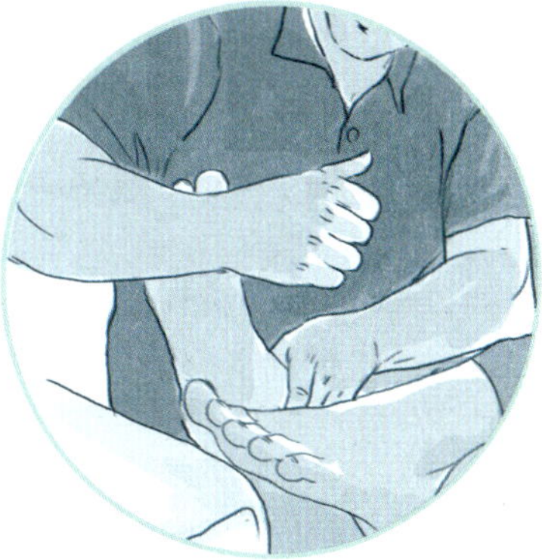

¿POR QUÉ?

El masaje del pie tiene innumerables efectos inmediatos: descanso general, defatigante, bueno para la circulación. Además, el masaje del arco plantar permite estimular las zonas reflejo ligadas a diferentes funciones u órganos del cuerpo, lo que proporciona una sensación de bienestar y a veces puede disminuir e incluso eliminar ciertos síntomas desagradables.

Descanso de las piernas

EN EL SOFÁ

Esta es una maniobra inteligente y eficaz para relajar y descansar sus piernas al final del día. ¡Sólo hacía falta pensarlo!

DURACIÓN	¿DÓNDE?	¿CUÁNDO?
1 minuto por pierna.	En la sala, en el sofá, un sillón o aun sobre un tapete.	Ideal al final del día o después de cualquier esfuerzo muscular.

¿CÓMO?

1 Elija para los pies la misma posición confortable como la de antes, pero ahora descanse una de las piernas de su pareja sobre su hombro, en la posición llamada "de declive", favorable a la circulación venosa de retorno, mientras que la otra pierna permanece extendida. Sus dos manos libres, con los dedos entreabiertos, van a deslizarse y masajear con "presiones deslizantes" la pierna entera. Este masaje se realiza partiendo de la extremidad del pie hasta la parte superior del muslo. El regreso puede realizarse levantando ligeramente la pierna.

2 Siga aplicando algunos movimientos de rotación del muslo del tipo "maniobra que da risa" (vea la página 98), pero de manera más suave y mucho más lenta. Luego agréguele algunos masajes del muslo. Haga lo mismo con la otra pierna.

CONSEJOS

La presión deslizante se realiza utilizando la técnica del balanceo del peso del cuerpo.

1

2

¿POR QUÉ?

Con este masaje descansan las piernas, se provoca un relajamiento muscular, es bueno para la circulación y es muy defatigante.

Relajación del vientre

EN EL SOFÁ

El masaje del vientre, más delicado (porque encuentra resistencia) que el de otras partes del cuerpo, ofrece un descanso y una relajación completa. Un movimiento lleno de suavidad y tacto, una presencia, una manera preciosa de proporcionar confianza.

DURACIÓN	¿DÓNDE?	¿CUÁNDO?
2 a 5 minutos según el objetivo.	En la sala, en el sofá o un sillón o aun en la alfombra.	En cualquier momento pero un cierto tiempo después de las comidas.

¿CÓMO?

1 Las dos piernas de su pareja sobre sus muslos, coloque delicadamente una mano (caliente) sobre su vientre y déjela algunos instantes para esperar la tranquilidad y el regreso a la calma.

2 Luego, empiece a realizar pequeños círculos por roce y auméntelos para englobar los flancos, agregando progresivamente más presión. En fin, empuje, "juegue" con su palma y sus dedos para dar un masaje un poco más profundo pero siempre con suavidad.

CONSEJOS

Se recomienda hacer el movimiento en el sentido de las manecillas del reloj ya que es el sentido del tránsito intestinal y con más razón si las maniobras son un poco más acentuadas. El movimiento de la mano del masajista, caliente, flexible y relajada, debe de ser lento y regular.

1

¿POR QUÉ?

Llevado con paciencia, el masaje del vientre proporciona un gran descanso, relajando el diafragma y calmando el plexo solar. Contribuye copiosamente al descanso profundo, calma a los estresados, tranquiliza a los ansiosos. Ayuda la bilis perezosa, combate el estreñimiento, estimula el apetito, refuerza la vitalidad general. Es también un buen masaje "de impulso" para la circulación sanguínea y linfática de los miembros inferiores.

Masaje del rostro, baño de juventud

EN LA TINA DEL BAÑO

¿Qué puede ser más relajante sino un buen baño de tina caliente después de una jornada de trabajo? Un baño caliente, sí, pero asociado a un masaje completo de la cabeza, ¡lo máximo!

DURACIÓN	¿DÓNDE?	¿CUÁNDO?
3 a 5 minutos.	En la tina pero se puede realizar también en el diván o en el suelo.	Durante un baño de tina o en cualquier otro momento.

¿CÓMO?

1 Su pareja está acostada en la tina llena, su cabeza descansa relajada en el borde. Asegúrese de que el agua esté todavía caliente o tibia y que no se enfriará demasiado durante el tiempo de su masaje. Sosténgase atrás de su cabeza sentada en un banco o de pie, muy tranquila. Uno de los primeros movimientos, muy útil para el resto de la sesión es sencillamente levantar su cabeza con un mano y llevar todo el cabello por atrás con la otra, luego colocarla de nuevo delicadamente estirando ligeramente la nuca. Es muy agradable y proporciona inmediatamente una sensación de frescura. Repita esta maniobra varias veces en el transcurso de su masaje.

2 Empiece entonces a alisar con la yema de sus dedos la frente y saque el "punto de la preocupación" entre las dos cejas, dejándolo deslizarse entre los dedos, lentamente… lentamente… (los movimientos deslizantes, las presiones, se realizan hacia el exterior del rostro). Dibujará, esculpirá, alisará los contornos, huecos, pliegos, sin olvidar nada, ayudándose a la vez con la fina sensibilidad de la yema de sus dedos y la generosa superficie de la palma de su mano.

1

2

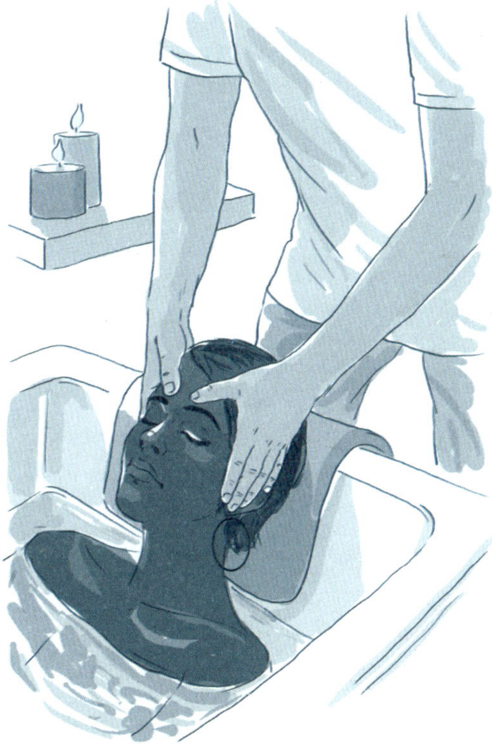

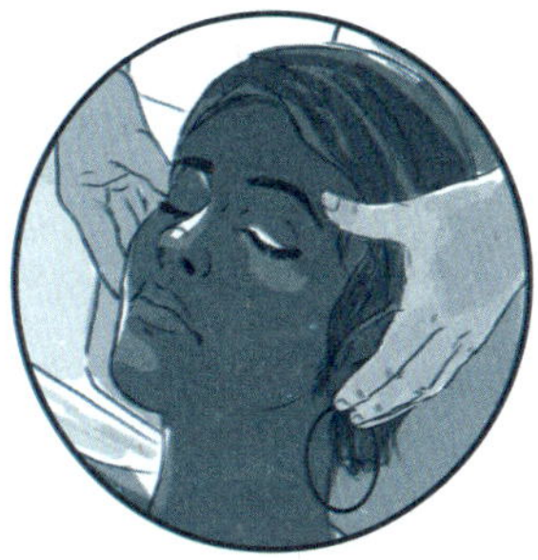

3 Sobre sus labios, los dedos se harán todavía más ligeros… y serán mariposas sobre los párpados. No olviden las orejas, es exquisito. Ayude a su pareja a relajar su maxilar inferior, repita este movimiento de vez en cuando. Ninguna brusquedad, todos sus movimientos están impregnados de suavidad y delicadeza.

4 Luego se va a concentrar en la cabeza y más precisamente en el cuero cabelludo. Para eso, juegue con la inclinación de su cuerpo. En efecto las presiones y movilizaciones del cuero cabelludo no se realizarán con fuerza con sus dedos, sino lenta y suavemente, gracias a movimiento de traslado del peso de su cuerpo.

5 Para terminar, deshile, alise lenta y delicadamente el cabello; levante la cabeza por última vez.

3

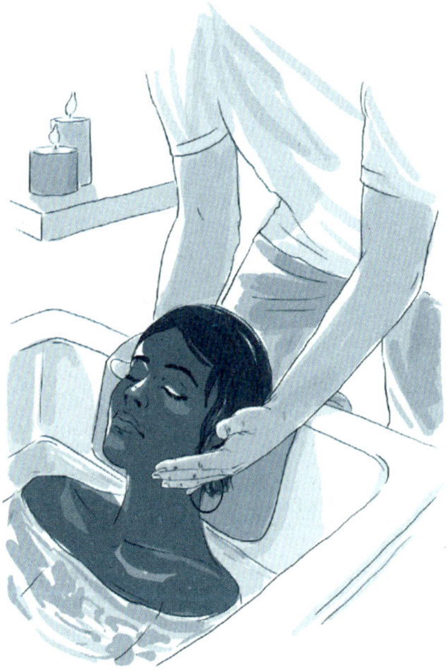

CONSEJOS

No utilice aceite, sino eventualmente, un poco de crema de calidad, pero sólo al final de la sesión. Y si es "el señor" que se encuentra en la tina, que piense en rasurarse primero, es más agradable para el uno como para el otro. Y si además ha pensado poner un poco de música de acompañamiento, entonces, ¡no tenemos nada que añadir!

4

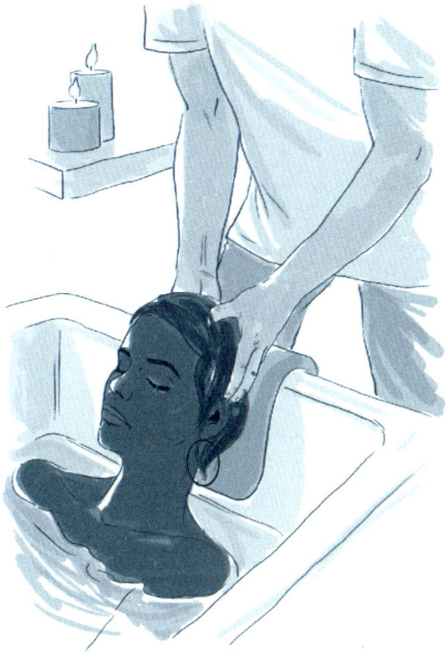

5

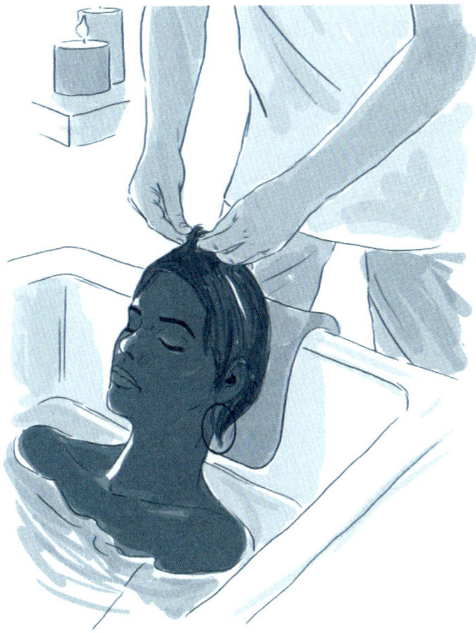

¿POR QUÉ?

El masaje del rostro y de toda la cabeza proporciona un gran relajamiento y da inmediatamente una sensación maravillosa de descanso. Es el masaje intuitivo por excelencia, es también el masaje de juventud que deja un rostro liso, relajado, descansado, rejuvenecido. Sepa también que un buen masaje del rostro puede ser eficaz en los casos de dolores de cabeza, migrañas, sinusitis, nerviosismo, angustia, pensamientos negativos, tics, insomnios. Al actuar sobre toda la musculatura facial, relaja la cabeza, los músculos de la expresión, ayuda a expulsar los pensamientos y también a retrasar la aparición de las primeras arrugas. Es y será siempre un poderoso masaje de relajamiento general, de embellecimiento y de acercamiento entre dos personas.

¡Levantarse con el pie derecho!

EN LA CAMA

¡Haga del domingo el día sacrosanto del masaje! La cama es su espacio privilegiado para esta práctica. ¿Quién no ha soñado cierto día recibir un masaje al pie de la cama, suavemente tapado debajo de su edredón? ¡Aproveche estos masajes que le propongo y que lo pondrán en forma para todo el día! ¡Entonces una mañana en cama o una mañana de engordar!

DURACIÓN	¿DÓNDE?	¿CUÁNDO?
2 minutos.	En cama.	De preferencia al despertar y al acostarse… o aun durante una siesta.

¿CÓMO?

1 Está de pie o sentado al pie de la cama. Levante los pies de su pareja y realice uno o dos estiramientos de las piernas manteniendo los pies por los talones o por la parte delantera y cargando el peso de su cuerpo por atrás (2 o 3 idas y vueltas).

2 Luego, con una mano ocupándose de cada pie, sin soltarlos, usted se balancea ligeramente de atrás hacia adelante, luego de adelante hasta atrás, y así sucesivamente, sus pulgares deslizándose al mismo tiempo sobre el arco de la planta del pie. Realiza de esta manera un masaje con "presiones deslizantes" sobre toda la superficie de la bóveda. Repita varias veces esta maniobra.

1

2

3 Puede realizar en seguida la misma maniobra pero utilizando los puños medio cerrados sobre el arco plantar, lo que, durante la inclinación hacia adelante, da más profundidad a su masaje plantar.

4 Si su pareja prefiere un pie tras otro para el masaje con presiones, ¡que sus deseos se cumplan! La sensación es diferente que con los dos pies al mismo tiempo, es más marcado puesto que uno se concentra sobre un pie y se dispone de las dos manos para dar el masaje.

CONSEJOS

Una gotita de aceite mejora la fluidez, una gota nada más para una mejor eficacia de sus presiones y masajes (un poquito de su crema preferida puede servir también). Mientras más proyecta el peso de su cuerpo por adelante, más profunda es su presión. El regreso se hará siempre ligero. Puede estar sentado en una silla o banco pero la posición de pie es favorable para dar peso y luego presión.

3

4

¿POR QUÉ?

El masaje de los pies, practicado de esta manera (una mano sobre cada pie) favorece "el efecto de simetría". Sin pensar, sus manos funcionarán naturalmente según una simetría perfecta. ¡Es mágico y aun más agradable para el que recibe el masaje! Descanso general, antifatiga, bueno para la circulación, tales son les efectos inmediatos de este masaje, sin despreciar la ganancia de tiempo (los dos pies juntos).

Pisoteo suave de la espalda

EN LA CAMA

Si siente dolor de espalda al despertar o al acostarse, ésta es una técnica que no exige ningún esfuerzo ni instalación especial, puesto que puede permanecer acostado. Sus pies y sólo ellos tendrán tarea haciendo movimientos de "patas de gato".

DURACIÓN	¿DÓNDE?	¿CUÁNDO?
2 a 3 minutos.	En la cama.	De preferencia al despertar… o durante una siesta.

¿CÓMO?

1 Sin salir de la cama, proponga a su pareja echarse perpendicularmente al colchón, al pie de la cama encontrando apoyo en uno de sus brazos. Los pies de usted se van a colocar en el nivel del sacro y de las lumbares de su pareja y va a pisotear suavemente la parte inferior de la espalda y superior de las nalgas como lo hiciera un gato, ¡pero sin sacar sus garras! Este movimiento típico "patas de gato" se realiza siempre con lentitud y suavidad. Ojo: un pie se encuentra sujetado en el nivel del sacro, el otro arriba de las lumbares. Al descartar progresivamente los dos pies, al mismo tiempo que guarda el contacto, realizará sin esfuerzo un estiramiento de la parte inferior de la espalda.

2 Variación: su pareja se sienta al pie de la cama, las piernas colgando. Los pies de usted pueden entonces hacer "patas de gato" en el nivel de los glúteos o a lo largo de la espalda. Pida entonces a su pareja que se deje ir ligeramente hacia atrás para evitar así sentirse proyectada por adelante.

CONSEJOS

Sujete bien sus pies, los talones descansando en la sábana (dibujos 1 y 2). La misma cosa puede realizarse directamente sobre la piel.

1

2

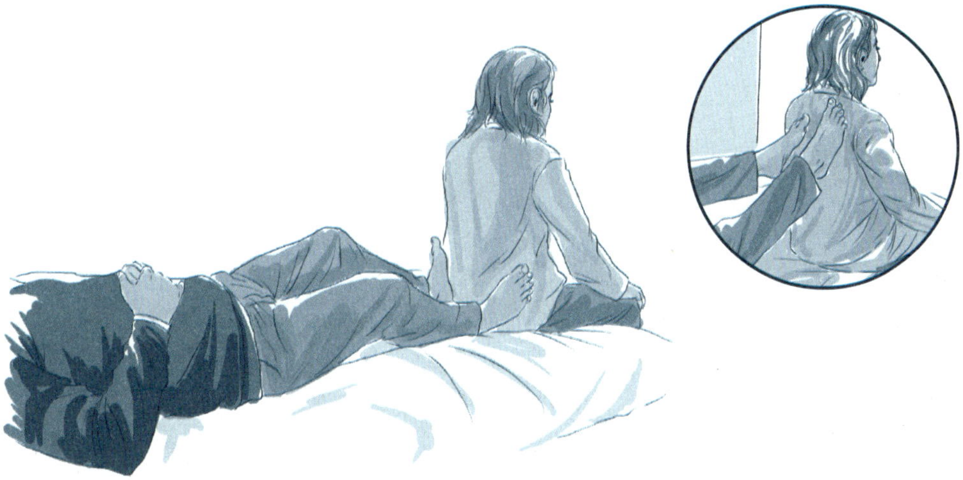

¿POR QUÉ?

Muy agradables, estas maniobras proporcionan una sensación de descanso y de estiramiento de la espalda y pueden aun disminuir ciertos dolores de espalda. ¡Y es muy descansado para el masajista también!

Pisoteo suave del vientre

EN LA CAMA

Este masaje frente a frente, divertido y amigable, le permite relajar el vientre de su pareja. Y si lo desea, puede seguir dando masaje a los fuertes pectorales, "conservando las manos en los bolsillos".

DURACIÓN	¿DÓNDE?	¿CUÁNDO?
1 a 2 minutos.	En la cama de su recámara.	De preferencia al despertar... o durante una siesta.

¿CÓMO?

1 Los dos acostados en la cama, boca arriba, usted se encuentra al frente de su pareja, apoyado en sus antebrazos. Él o ella se encuentra apoyado contra la cabecera de la cama, los brazos extendidos, relajados y las piernas ligeramente abiertas. Usted está en el otro extremo de la cama. Encuentre una buena distancia, de manera que sus piernas no estén totalmente extendidas. Va a imprimir un movimiento de pisoteo suave y lento con sus pies sobre el vientre de su pareja, tipo "patas de gato". Utilice primero toda la planta del pie, luego progresivamente el talón con presiones más profundas. Sus pies pueden desplazarse también sobre los lados del vientre.

2 De la misma manera, sus pies colocados en el nivel de la articulación de los hombros van ahora a pisotear ("patas de gato") con suavidad los pectorales de su pareja provocando a la vez un masaje local y un estiramiento con apertura del tórax.

CONSEJOS

Las presiones del pie se ejercerán con suavidad y lentitud.

1

2

¿POR QUÉ?

Este masaje permite dar al vientre un masaje en profundidad. Es eficaz para los problemas de tránsito intestinal (estreñimiento) y permite relajar los músculos planos del vientre.

Masaje-estiramiento: ¡la motocicleta!

EN LA CAMA

Este es un masaje tonificante y divertido que le permite ponerse en forma a usted y a su pareja mutuamente al levantarse de la cama. ¡Run, run!

DURACIÓN	¿DÓNDE?	¿CUÁNDO?
1 minuto o más.	En la cama o en la alfombra.	De preferencia al despertar… o durante una siesta.

¿CÓMO?

1 Está sentado entre las piernas de su pareja que permanece acostada boca arriba. Agarre bien sus pies, uno en cada mano y gracias a un movimiento de inclinación por atrás, manteniendo sus pies unidos, va a provocar un estiramiento de sus piernas. Este estiramiento se realiza muy suavemente y progresivamente siguiendo el ritmo respiratorio. Así usted estira las piernas exhalando (lo que le permite soltarse completamente al mismo tiempo) y regresa inhalando. Aumente progresivamente el estiramiento inclinándose más por atrás.

2 **El plus**: puede agregar con sus dedos unas presiones regulares sobre la bóveda plantar apretando, cerrando las manos como si frenara…

CONSEJOS

Es necesario que encuentre la buena distancia para ejercer estos estiramientos de manera eficaz. Por eso, no dude en desplazarse de algunos centímetros por adelante o por atrás. Para evitar las cosquillas, agarre con firmeza los pies.

1

2

¿POR QUÉ?

El estiramiento de la parte posterior de los miembros inferiores es muy útil. Flexibiliza, estimula la circulación energética, proporciona una sensación de mayor bienestar inmediato.

Masajes para niños

La casa es sin duda el lugar más propicio para iniciarse en familia a los movimientos de masaje. Puede ser un juego con mamá, papá, la hermana mayor o el hermanito, pero también con los amigos. Como un juego o una ocupación, entre otras, es también una de las actividades que favorecen más su bienestar.

DURACIÓN	¿DÓNDE?	¿CUÁNDO?
Algunos minutos, hasta media hora.	En la casa, un lugar cubierto con una colcha o en la alfombra.	Cuando todo el mundo está reunido: el domingo por ejemplo.

¿CÓMO?

Apliquen las diferentes técnicas propuestas en este libro, las más sencillas y suaves: masajes del rostro, de la cabeza, de los pies (¡cuidado con las cosquillas!), de los brazos, de las manos, de la espalda…

CONSEJOS

Puede poner un pequeño gotero con aceite a disposición o eventualmente un poco de música. En fin, no los limite, ¡déjelos decidir!

El miércoles en la tarde, nos damos masajes entre amigos.

Papá sirve de apoyo.

Durante la siesta, mamá deja que le hagan un masaje.

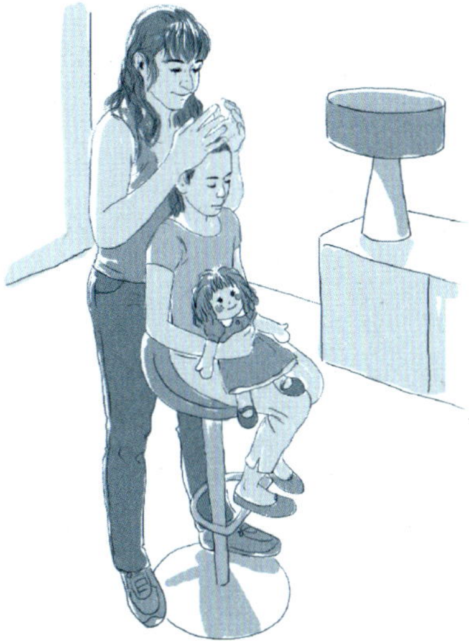

A los niños les gusta mucho…

No hay edad, ¡tengo 2 años y doy masaje!

¿POR QUÉ?

Por todas las propiedades del masaje desarrolladas en este libro, por el placer y por los vínculos que eso crea. Y porque "¡se siente rico!", como dicen los niños.

El tiempo libre son los periodos de los que disponemos libremente. Las vacaciones, una tarde entre amigos, un paseo en la naturaleza, jugar, practicar deporte, nadar, quedarse en la cama o perder el tiempo en una cafetería…si existe un momento donde se pueda ejercer el arte del masaje sin presión de tiempo o lugar, es durante el tiempo libre. Será la oportunidad perfecta para dar su primeros pasos (sus "primeras manos", deberíamos decir) fuera de la casa, con un público conocido o desconocido, en esta galaxia infinita del masaje.

¡Y por supuesto, cada masaje es intercambiable entre quien lo aplica y quien lo recibe!

DURANTE EL TIEMPO LIBRE

El masaje completo de los pies y de las piernas

EN UN PARQUE

Hoy, el *Taï-chi*, el *Qi gong* y el *jogging* se practican en los parques, entonces ¿por qué no el masaje al aire libre y en plena naturaleza? Practicantes del *jogging*, transeúntes del domingo, niños, grupos de amigos y parejas de enamorados, ¡dejen que les den masajes en los bancos públicos! Y como lo cantaba tan bien Georges Brassens: "(...) sin hacer caso a las miradas de soslayo de los transeúntes honestos(...)".

DURACIÓN	¿DÓNDE?	¿CUÁNDO?
2 a 3 minutos o más según se desee.	En los parques, jardines públicos.	Durante un paseo de descanso.

¿CÓMO?

1 Como en casa, en el sofá (vea las páginas 58 y 60), su pareja está acostada en el banco, relajada, una de sus piernas sobre sus muslos. Como tiene más tiempo, entonces va a realizar un masaje completo de los pies, y de las piernas después. Empiece por algunas rotaciones del pie, luego dé un masaje al arco de la planta del pie, con una y otra mano alternativamente y ayudándose con un ligero balanceo de su cuerpo.

2 Relaje después la rodilla de su pareja, levantándola ligeramente con cada dedo mayor de sus manos, lo que provoca también un aligeramiento del muslo.

3 Dé entonces un masaje a todo el muslo de nuevo extendido, con movimientos de vaivén y presiones deslizantes. Puede seguir con un relajamiento aun más grande con "la maniobra que da risa"(vea la página 98). De la misma manera, puede aplicar la maniobra "expreso de Oriente" sin las manos (vea la página 150).

1

2

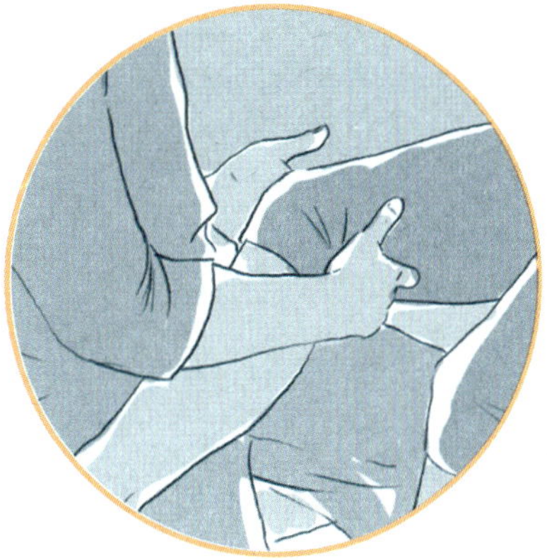

3

4 Siga con un estiramiento del pie y de la pierna. La posición de su antebrazo es importante para mantener correctamente el pie y sujetarlo. Una vez más, el movimiento inclinado de su cuerpo es el que realiza el estiramiento, sin esfuerzo.

5 Cambie de lado en el banco con su pareja para volver a hacer los mismos masajes y estiramientos en la otra pierna y termine por la posición del descanso de las dos piernas, los pies de su pareja descansando en sus hombros; es excelente para la circulación venosa.

CONSEJOS

Es más agradable cuando hay buen tiempo y hace calor... Puede también agregar al masaje de las piernas, el del rostro y de los hombros (vea las páginas 40 y 152) en una misma sesión en una banca pública. Empiece por el rostro, luego los hombros –está de pie atrás de su pareja, que está sentada en la banca–, y por último las piernas.

4

5

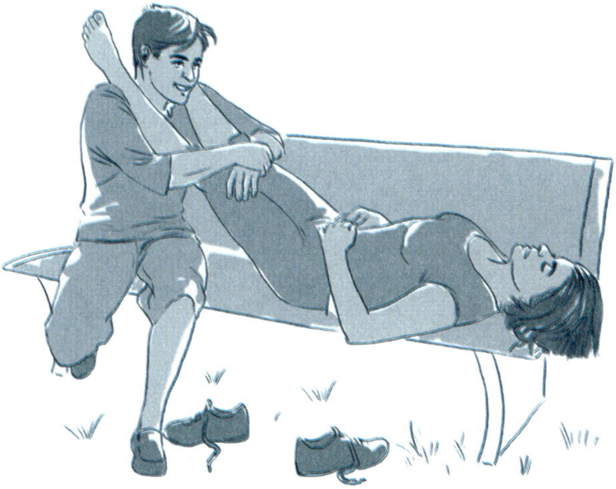

¿POR QUÉ?

Los beneficios de estos masajes son innumerables (vea las páginas 58 y 60). Y si además hay buen tiempo y están rodeados de árboles, de flores y cantos de pájaros, ¡es el paraíso!

Posturas de descanso para uno y estiramientos de las piernas para otro

EN UNA EXCURSIÓN

En la década de 1980 creé unos cursos de capacitación inéditos, asociando la práctica del masaje a una actividad física o en plena naturaleza. Así nacieron los cursos "excursión y masaje", que mezclaban estas dos actividades y por su utilidad reconocida tuvieron inmediatamente mucho éxito. No se necesita que ningún masajista especialista lo acompañe, utilice las técnicas sencillas que le propongo, ya que no exigen ningún esfuerzo y permiten aun descansar practicándolos. Fatiga, pesadez, dolor, contracturas musculares en las piernas y los pies, tal es el paquete que a los excursionistas les gustaría eliminar. Así, estiramientos, masajes, posturas son las soluciones que adoptar durante las etapas o las pequeñas pausas.

DURACIÓN	¿DÓNDE?	¿CUÁNDO?
1 a 2 minutos o todo el tiempo que quiera.	En cualquier lugar o durante una excursión.	Durante las pausas.

¿CÓMO?

1 Su pareja sujeta sus dos pies más o menos en la parte alta de sus lumbares. Cargue entonces el peso de su cuerpo por atrás y descanse tranquilamente. Proponga el cambio.

1

2 Otro estiramiento astuto: las piernas de su pareja están sujetadas contra el vientre de usted. Al balancearse y colocar su cuerpo por adelante sobre sus pies, provoca, sin ningún esfuerzo, un estiramiento del arco de la planta del pie y de la parte posterior de las dos piernas de su pareja. Colóquelo al exhalar y luego enderécese inhalando, y así sucesivamente según el ritmo de su respiración. Su vientre recibe al mismo tiempo un masaje por la presión de las dos plantas de pies de su pareja.

CONSEJOS

El estiramiento de las piernas es aconsejado después de un esfuerzo, un deporte, una caminata. Favorece la circulación, el descanso físico, flexibiliza. Coloque progresivamente un poco más de peso de su cuerpo sobre los pies de su pareja.

Nota: No se recomienda aplicar estos movimientos en caso de ciática.

2

¿POR QUÉ?

Al mantener las piernas de su pareja en extensión, favorece a la vez el estiramiento de los músculos de las piernas y del arco de la planta del pie, y la circulación venosa de regreso; todo eso sin esfuerzo de su parte. Proporciona una sensación de aligeramiento y de descanso en los miembros inferiores de su pareja y, la cereza en el pastel, ¡mata dos pájaros de un tiro, usted descansa al mismo tiempo! Además es bueno para sus lumbares.

Para el segundo estiramiento astuto, hay dos efectos simultáneamente. Por una parte, crea un estiramiento de las piernas de su pareja simplemente por proyección del peso de su cuerpo por adelante. Y, por otra parte, al pasar de una pierna a la otra, como si caminara *in situ*, usted recibe un masaje por la presión ejercida por las dos plantas de los pies de su pareja. Sorprendente, ¿no?

El pie en todas sus facetas

EN UNA EXCURSIÓN

Hay mil maneras de dar masajes a los pies. Aquí están algunas originales pero todas las situaciones y posiciones son favorables a esta práctica. ¡Después no digan que no se puede!

DURACIÓN	¿DÓNDE?	¿CUÁNDO?
2 a 3 minutos por pie.	De paseo, durante una excursión.	Cuando se siente la necesidad, durante pausas.

¿CÓMO?

1 Encuentre un lugar plano, de preferencia en el pasto, sin piedras. Coloque una toalla. Su pareja se encuentra entonces acostada confortablemente boca arriba. Sus piernas toman apoyo sobre el cuerpo de usted que está de pie. Aplique un masaje profundo con sus pulgares en el arco de la planta del pie, el peso de su cuerpo ayudará a hacer presión (vea la página 70, paso 3). Puede agregar la rotación de los pies (vea la página 44).

2 **Variación entre tres:** su pareja descansa sus pies en los hombros de usted, está usted de pie o arrodillado según su tamaño y la tercera persona ejerce el masaje de los pies. Es doblemente agradable para la persona que recibe el masaje, que relaja sus piernas en posición de declive y que tiene sus dos pies recibiendo masajes al mismo tiempo; es agradable también para el masajista, ya que su posición no le exige ningún esfuerzo, y ¡qué altruista para la persona que carga los pies!

1

2

3 **Otra variación:** ¡"el masajista de Rodin"! Su pareja sigue acostada en el pasto y sus piernas descansan en uno de los muslos de usted; usted está de pie, con la rodilla ligeramente flexionada. Gracias a su codo, colocado en el arco de la planta de los pies de su pareja, y al peso de su cuerpo, usted ejerce una presión marcada bastante profunda y sin esfuerzo. Esta posición recuerda la escultura "El Pensador" de Rodin, que nombraremos aquí... ¡"el masajista de Rodin"!

4 **El pequeño elemento suplementario:** ¡pies al agua! La frescura del agua asociada al masaje del arco de la planta del pie reanima, relaja, quita la fatiga instantáneamente.

CONSEJOS

Que esté confortablemente instalado para dar el masaje.

3

4

¿ POR QUÉ ?

Todas estas posiciones y todos estos masajes relajan considerablemente las piernas y los pies, reaniman y además, ¡son excelentes para la circulación!

El masaje apoyando la espalda

EN LA PLAYA

Este es un excelente ejercicio pedagógico de iniciación al masaje que utiliza la técnica del peso del cuerpo, la cual le será útil para todos los masajes que practicará.

DURACIÓN	¿DÓNDE?	¿CUÁNDO?
1 minuto o más.	En la playa, 2 metros cuadrados son suficientes.	En cualquier momento del día no demasiado caliente.

¿CÓMO?

1 Manténgase de pie detrás de su pareja, que se encuentra también de pie. Coloque entonces sus manos bien extendidas contra su espalda, a distancia de "brazos extendidos". Proponga a su pareja dejar caer hacia atrás su cuerpo algunos centímetros y descansarlo tranquilamente en las manos de usted. ¿Qué ocurre? El peso del cuerpo de su pareja y el encuentro con las manos de usted crean una presión.

2 Desplácese sobre una pierna primero y luego sobre la otra, y al mismo tiempo sus manos, haciendo "pata de gato" (las manos no bajan de la cadera), con las palmas de sus manos y luego con los puños medio cerrados. ¡Bravo, está realizando un masaje de la espalda simplemente por presiones sucesivas de cada lado de la espalda y sin ningún esfuerzo!

CONSEJOS

Conserve sus piernas muy paralelas para pasar de un lado al otro y sus brazos siguen extendidos. Encuentre su equilibrio colocándose a contrapeso para que su pareja no sienta que cae hacia atrás o que usted sostenga su espalda.

1

2

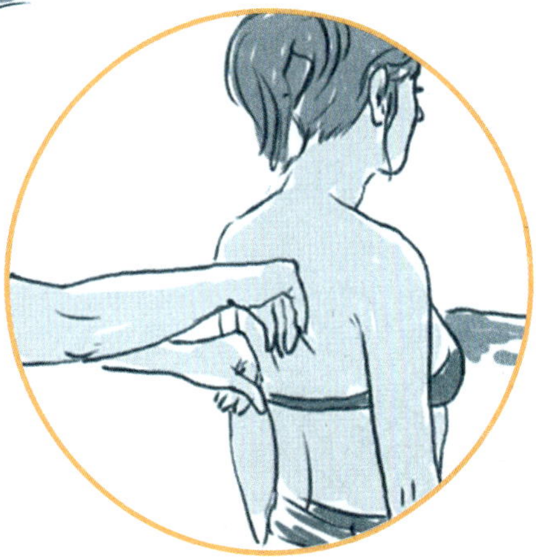

¿POR QUÉ?

Este masaje apoyando permite soltarse; es un ejercicio excelente para dar confianza y para entender el principio del "masaje-presión sin esfuerzo". Alivia inmediatamente la espalda.

Masaje de la espalda, recostado, con aceite

EN LA PLAYA

La ventaja del masaje en la playa es que el cuerpo está listo para recibirlo: ninguna ropa estorbosa, el pudor disminuye… y ¡doble ventaja, lo puede dar con su aceite para broncear!

DURACIÓN	¿DÓNDE?	¿CUÁNDO?
2 a 3 minutos.	En la playa, en la arena.	Después de un baño de mar.

¿CÓMO?

1 Su pareja está acostada sobre una gran toalla. Arrodillado al nivel de su cabeza, empiece por algunos roces con las palmas abiertas en toda su espalda. Le aconsejo usar un poquito de aceite en la palma de sus manos. Luego, coloque sus manos extendidas en su espalda y ejerza una presión deslizante continua con los pulgares, a lo largo de los músculos paravertebrales, columpiando el peso de su cuerpo hacia adelante, desde la parte superior de la espalda hacia el sacro. Termine abriendo sus dedos en abanico. Regrese ligeramente por los lados y repita varias veces este trayecto con presiones diferentes.

2 Variación: las dos palmas de sus manos van a bajar ahora alternativamente, de manera que una de las manos, en cuanto llegue al sacro, suelte el contacto para colocarse de nuevo en el hombro y salir otra vez hacia abajo, como si una mano persiguiera a la otra, y así sucesivamente. No hay sensación de pérdida de contacto ya que hay siempre una mano en la espalda.

CONSEJOS

Al inclinarse hacia adelante, es el peso del cuerpo del masajista que proporciona la presión en el nivel de los pulgares, presión dosificada en función del traslado hacia adelante (por ejemplo: una presión más ligera cuando pasa por el hueco lumbar y otra más fuerte a la llegada al sacro.) Puede adoptar diferentes ritmos: lentos para estirar completamente las lumbares, rápidos para recalentar los músculos. Estire bien su toalla para evitar los granos de arena.

1

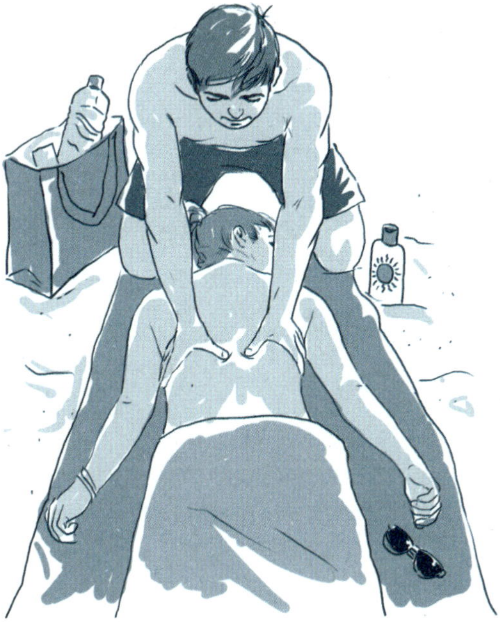

2

¿POR QUÉ?

Este masaje relaja, quita la fatiga y estimula inmediatamente. Proporciona una sensación exquisita de alargamiento, de estiramiento de la espalda. Es excelente para las contracturas y las tensiones de la espalda.

¡La maniobra que da risa!

EN LA PLAYA

Descubra este masaje original que, durante su realización, frecuentemente provoca instantáneamente la risa. ¡Usted verá, es mágico! ¡Y ayuda a comunicarse!

DURACIÓN	¿DÓNDE?	¿CUÁNDO?
Algunos segundos.	En la playa, sobre la arena o sobre el césped de un parque.	De preferencia en la mañana (por su efecto estimulante).

¿CÓMO?

1 Está usted arrodillado frente a su pareja, que está acostada boca arriba en el suelo –puede estar acostada en una banca, un sofá, una cama, etc., apoyado sobre sus antebrazos. Una de sus piernas, sujeta por los muslos de usted, está flexionada, rodilla por arriba, el pie en el suelo. Tome entonces el muslo e imprima un movimiento muy rápido, de rodillo, con las dos palmas de sus manos, sin apretar los dedos, que hacen girar y bambolear todos los músculos del muslo. Repita este movimiento en la otra pierna, luego invierta eventualmente los papeles.

2 **Variación:** el pie de su pareja puede también descansar sobre su hombro. Esta posición de la pierna inclinada proporciona una relajación mayor.

CONSEJOS

El efecto debe normalmente ser inmediato, desde los primeros segundos.

1

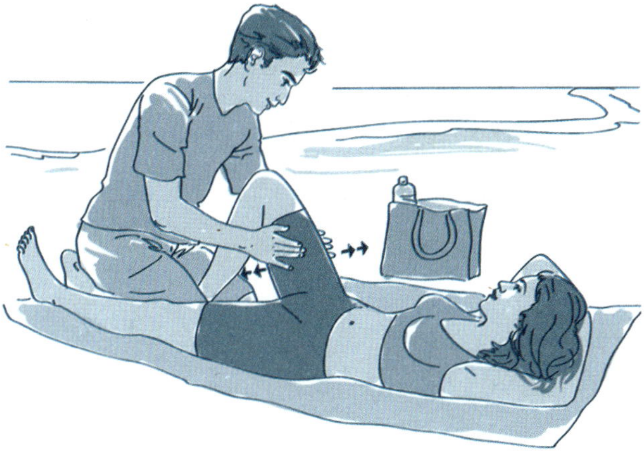

2

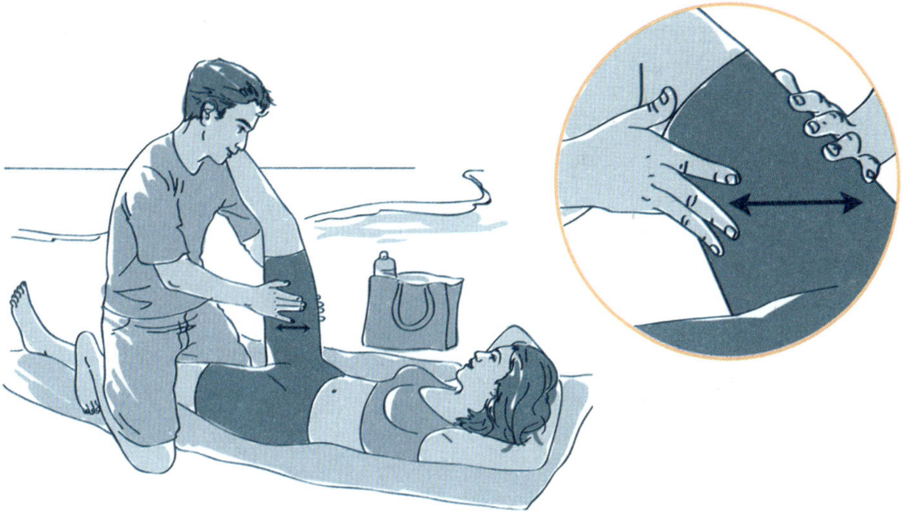

¿POR QUÉ?

Este masaje estimulante permite aflojar, relajar todo el muslo y la nalga. La sensación de calentamiento enérgico y de relajación de la musculatura en profundidad provoca también automáticamente una risa eufórica en la persona que recibe el masaje.

Movimiento de *relaxinesis* en el agua

EN LA ALBERCA

¡Eureka! Arquímedes lo había entendido, el agua proporciona un efecto muy relajante; cuestión de gravedad. Al dejarse cargar por el agua, los músculos estarán en gran parte relajados y recibirán gustosamente los movimientos de masaje.

DURACIÓN	¿DÓNDE?	¿CUÁNDO?
2 a 3 minutos	En el agua.	Cuando quiera.

¿CÓMO?

1 Su pareja se deja llevar por el agua, sostenida por pequeños salvavidas en los pies y un cinto alrededor de la cintura, o en brazos de usted. Una de sus manos libres, o las dos, dará un masaje a la nuca sin ningún esfuerzo, con la palma abierta y con mucha flexibilidad. Los movimientos siguen el ritmo del vaivén del agua. Todo se desliza agradablemente al mismo tiempo que trabajan la o las manos.

2 Puede practicar también movimientos de *relaxinesis* (*cinesis*) jugando, movilizando con sus brazos, en todos los ejes posibles, las piernas y los brazos de su pareja, utilizando justamente el efecto de ingravidez "llevado por el agua", lo que favorece una soltura increíble.

CONSEJOS

La temperatura del agua no debe de ser demasiado fresca, sobre todo para la persona que da el masaje.

1

2

¿POR QUÉ?

Estos movimientos proporcionan un relajamiento y un descanso muy agradables.

Masaje y estiramiento de las piernas

EN LA MONTAÑA

Al final de una caminata, carrera o paseo en bicicleta por la montaña, no tienen masajista para recibirlos y proponerles descansar y relajar las piernas. Pero durante estos paseos y sobre todo entre amigos, se pueden ayudar unos a otros. Pantorrillas doloridas, muslos contracturados, tensiones en los brazos y los hombros, ¡ya no busquen pretexto para guardar sus tenis, adopten estos inteligentes masajes!

DURACIÓN	¿DÓNDE?	¿CUÁNDO?
1 a 2 minutos.	En la montaña o en un parque.	Durante una pausa.

¿CÓMO?

1 Un bastón de caminata y un tronco de árbol pueden dar estabilidad a su pareja. Con una pierna en el piso, propóngale que descanse la otra pierna levantando ligeramente la rodilla. Luego, dé un masaje a los poderosos músculos del muslo con presiones deslizantes y aplique la "maniobra que da risa" (vea la página 98).

2 Después, puede realizar algunos estiramientos de la pierna, llevando simplemente el peso de su cuerpo hacia adelante, a los dos extremos de la pierna. Invierta los papeles y haga lo mismo con la otra pierna.

CONSEJOS

Encuentre una postura estable. Para relajar los brazos (que se utilizan más en el ciclismo de montaña), practique el movimiento de "rodillo del brazo" (vea la página 148). Y por supuesto, cuando regresen a casa, después de una buena ducha caliente, no duden en practicar los masajes de la espalda con aceite (vea las páginas 50 y 96), excelentes para recuperarse de la actividad al día siguiente.

1

2

¿POR QUÉ?

Estos masajes y estiramientos relajan, flexibilizan y descansan las piernas y los brazos. Además, previenen calambres y contracturas.

Aplicaciones de "quieres" y "te lo doy"

AU SOL

El beneficio del masaje es que se puede practicar en todas partes y con todo el mundo, de manera muy diferente. Ningún masaje se parece a otro y hay mil y una situaciones que pueden ser propicias para una sesión de masaje. Aquí presentamos algunas, ¡a ustedes les toca completarlas!

DURACIÓN	¿DÓNDE?	¿CUÁNDO?
Cada situación es diferente y requiere un tiempo variable.	Cualquier entorno puede ser propicio para los masajes.	Cuando quiera, según la oportunidad.

¿CÓMO?

Aplique las técnicas desarrolladas en este libro. No tenga ningún prejuicio. Estimule, muestre y practique con las personas presentes en cada momento.

CONSEJOS

Para organizar estos masajes en grupo, muestre, ante todo, sus talentos como animador.

1

Realice esta espiral de masaje a la nuca.

2

¿Quién dijo que los adolescentes no se atrevían a tocarse?

¿POR QUÉ?

Porque es lúdico, relaja y crea vínculos entre las personas.

En solitario, las piernas arriba para un descanso inmediato.

En la cafetería, el masaje de los trapecios y de los hombros.

Utilizar una toalla para la técnica del masaje con movimiento de rodillo: "Se los enseño, amigas, y ustedes lo hacen después".

Los jóvenes toman las posiciones que quieran.

¡Algunos se dejan apapachar mucho!

Descanso y movimiento de rodillo en el brazo, sentado, ¡es genial!

Bien apoyado con una pierna y sosteniendo tu cabeza, te doy un masaje en el cuello.

El masaje-balada

EN UNA REUNIÓN

Y de repente, usted se encuentra disfrutando una serie de piezas lentas de baile, baladas de las que no puede escapar. Es una buena oportunidad para pasar a la acción: aplicar algunos movimientos de masaje para darle un descanso agradable a su pareja.

DURACIÓN	¿DÓNDE?	¿CUÁNDO?
El tiempo que dure la pieza de baile.	En la pista de baile.	Durante una balada.

¿CÓMO?

1 Invitará a su pareja a colocar su frente sobre el hombro de usted. Sujete bien la cabeza de él o ella contra su cuello, mejilla contra mejilla. Una de sus manos va a agarrar delicadamente su nuca, mientras que la otra mantiene su cuerpo al nivel de su hombro. Va entonces a masajear con suavidad la masa muscular del cuello, tanto con la palma como con los dedos de la mano, partiendo de la parte superior de la espalda y dirigiéndose hacia la base del cráneo.

2 Si están bien pegados, puede dar un masaje a los músculos de su espalda con "presión rotación" usando sus dos puños, con flexibilidad.

1

2

3 Ahora, proponga a su pareja que deje caer los brazos y abran una pequeña distancia entre ambos cuerpos. Eso le va a permitir sujetar y masajear fácilmente sus trapecios entre sus cuatro dedos, su palma y su pulgar (vea la página 38). Este masaje se da, de preferencia, alternando de un lado y otro, siguiendo el ritmo de la música.

4 Termine masajeando de nuevo los músculos del cuello con sus palmas, con flexibilidad.

CONSEJOS

Como ya lo habrá visto, para proponer este masaje se requiere que ambos sean de estaturas similares o, en todo caso, que usted sea más alto que quien recibe el masaje, para que pueda apoyarse en el hombro de usted. Si la diferencia de estaturas es mucha, apóyese contra su pectoral.

3

4

¿POR QUÉ?

La cabeza apoyada, descansando completamente y relajada sobre la parte blanda de su hombro (no directamente sobre su clavícula), es una excelente posición para descansar los fuertes músculos trapecios y las tensiones de la nuca. Es también una manera de compartir y promover el aprecio por el masaje con su pareja de baile, como un aspecto muy suyo. Hoy sabemos que el solo hecho de tomar a alguien entre los brazos libera oxitocina en el cerebro, ¡la hormona del amor!

El masaje "ciempiés"

EN UNA REUNIÓN

Esta es una manera divertida y particularmente amigable para masajearse los pies en grupo. ¡Usted dejará huella esta noche! Pero no empiece de inmediato, encuentre la oportunidad, sienta el momento propicio y propóngalo. Usted seguramente hará escuela y se divulgará como reguero de pólvora, así, progresivamente otros lo imitarán.

DURACIÓN	¿DÓNDE?	¿CUÁNDO?
Algunos minutos.	Un lugar con suficiente espacio.	Escoja un momento propicio.

¿CÓMO?

1 Instálense en dos filas, sentados frente a frente. Cada uno pone una pierna sobre el muslo de la pareja que está en frente pero al lado. La otra pierna sirve de apoyo para la pierna del vecino del frente. Así, mientras da un masaje al pie de la persona que está al frente, su vecino agarra el suyo, él mismo dando su pie al vecino de usted, y así sucesivamente. Cada uno recibe entonces un masaje de pie al mismo tiempo que masajea el pie de su vecino.

2 Cuando lo decida, pedirá a cada uno cambiar de pierna, ¡pero todo el mundo tiene que hacerlo al mismo tiempo! En esta posición, utilice la técnica de las "presiones alternadas" y de las "presiones deslizantes" en el arco del pie (vea la página 70).

Nota: las dos personas de los extremos resultarán un poco perjudicadas, ya que darán el masaje o lo recibirán, pero no al mismo tiempo. A menos que se junte un número suficiente de participantes para crear un círculo que permita juntar las dos extremidades de las dos filas.

1

2

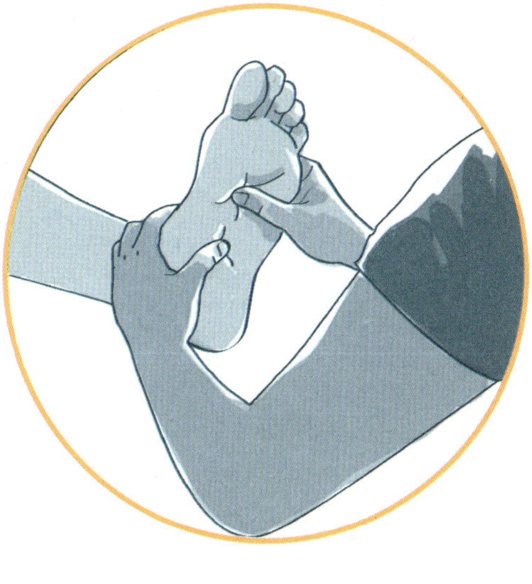

3 **Variante:** igual de divertida, esta "motocicleta" colectiva no es menos eficaz. La técnica es la misma que en la cama en casa (vea la página 76), pero esta vez, por el número de participantes, el suelo es más propicio. Todos juntos deben realizar el movimiento de balanceo... ¡eso incrementa aún más el ambiente lúdico!

CONSEJOS

Para la comodidad del "ciempiés", si están en el suelo y no sentados en sillas, es necesario encontrar una manera de sujetar las espaldas contra una pared con cojines. Instálense por ejemplo en un pasillo de alrededor de 1.20 m de ancho, de manera que las espaldas están apoyadas contra las dos paredes. Es confortable pero seguramente menos estético.

3

¿POR QUÉ?

El pie es la única parte del cuerpo que se puede masajear simultáneamente frente a frente, entre dos o varias personas. Por otra parte, ciertos valores del masaje se conjugan muy bien en grupo. Así, con el "ciempiés", los efectos acostumbrados del masaje de los pies: relajamiento, descanso, beneficio para la circulación, están presentes, pero aquí adquiere valor el aspecto amigable, la solidaridad de grupo, la creatividad y el placer de compartir un momento fuerte y lúdico juntos.

El masaje entre el queso y el refresco

EN UNA REUNIÓN

Todos conocemos esas comidas interminables. Sin lugar a dudas son buenas para la digestión, pero cuando el aburrimiento, la impaciencia o los nervios nos invaden… es el momento propicio para lucirse proponiendo un masaje, pequeño, corto, no importa la forma.

DURACIÓN	¿DÓNDE?	¿CUÁNDO?
El tiempo necesario.	Durante la comida de una fiesta, una cena-baile.	De preferencia al final de la comida o durante el café, el té.

¿CÓMO?

1 Proponga que una persona de cada dos se levante y se ponga detrás de otra. Usted empiece su masaje dictando los movimientos al conjunto de los masajistas. Haga contacto, aplique los diferentes movimientos de descanso sobre los hombros, empezando por la maniobra antiestrés exprés (vea la página 144); repita dos o tres veces. Invite a cada masajista a desplazarse hacia su derecha y continúe así hasta volver con su pareja inicial.

2 Variante al final de una comida: sus invitados estarán descansando en la mesa; puede aplicar el masaje por presiones alternadas de la espalda y el masaje de la nuca, mientras permanecen recostados en la mesa o se enderezan (vea la página 140), luego puede terminar con el "despreocupado" (vea la página 40).

CONSEJOS

No olvide lavarse las manos antes de empezar. Un truco que puede ayudarle a animar esta actividad es acompañarla con un poco de música ligera y rítmica.

1

2

¿ POR QUÉ ?

Sorpresa, originalidad, ambiente, convivencia reforzada... eso es todo lo que va a provocar su propuesta. El descanso de cada uno, por supuesto, puede dar inicio a una siesta o activar la adrenalina para un "ciempiés", si la velada se prolonga.

Frecuentemente cansados, estresados, el conductor, pero también los demás ocupantes, necesitan relajarse para evitar accidentes. Al crear el "masaje al minuto del conductor" para las áreas de descanso de la carretera, deseaba ofrecer a los automovilistas una oportunidad agradable de descansar durante desplazamientos importantes.

La primera experiencia en este ámbito se realizó en el trayecto de vacaciones de verano, en 1992. Estas operaciones llamadas "descanso del conductor para más seguridad", fueron llevadas a cabo con éxito. ¿Por qué no divulgar, entonces, el masaje en todos los demás medios de transporte que nos ponen nerviosos? Descubran en cada ocasión todos los "masajes al minuto" de este libro y adáptenlos a todas las situaciones.

¡Y, por supuesto, cada masaje es intercambiable entre quien lo da y quien lo recibe!

EN LOS TRANSPORTES

Descanso de la nuca en solitario

EN UN ESTACIONAMIENTO

Tenemos aquí un movimiento cotidiano y universal para relajar las tensiones del cuello. Es el "movimiento del conductor" que sale de su coche ¡después de un largo periodo!

DURACIÓN	¿DÓNDE?	¿CUÁNDO?
Menos de 1 minuto.	Durante una parada de descanso en un área de estacionamiento.	Cuando el cansancio se hace sentir.

¿CÓMO?

1 Estando de pie afuera del coche o todavía sentado al volante, levante los brazos y eche los antebrazos hacia atrás para que coloque sus manos lo más lejos posible de su espalda, entre los omóplatos. Entonces presione y deslice sus trapecios con sus dedos como si los llevara hacia adelante. Repita varias veces este movimiento. Esta misma maniobra puede ejecutarse de un solo lado a la vez, por ejemplo cruzado, mano derecha sobre hombro izquierdo y al revés, lo que permite empalmar mejor la parte superior del trapecio.

2 Luego, con un brazo, empalme su cuello y lo va a masajear algunos instantes. Para evitar que se contraiga, tenemos un pequeño truco: dé vuelta lentamente a su cabeza de derecha a izquierda al mismo tiempo que sostiene bien su cuello en la palma. Observará entonces que el masaje del cuello se hace solo sin tener que presionar con su mano. Puede utilizar sucesivamente una u otra manos o aun las dos, sólo que, en este último caso, no utilizará la palma sino únicamente los dedos con presiones circulares.

CONSEJOS

Este masaje se practica más fácilmente con el cuello desnudo (sin collar o corbata). Encuentre la posición adecuada de la cabeza para facilitar la relajación.

1

2

¿POR QUÉ?

Estos movimientos relajan los músculos del cuello, eliminan las tensiones acumuladas en los trapecios, disminuyen el estrés. Pueden también aliviar ciertos dolores de cabeza.

Golpeteos estimulantes

EN UN ESTACIONAMIENTO

Después de un buen masaje, puede ser útil a veces aplicar algunas maniobras más estimulantes. Les propongo este golpeteo vigorizante, con efecto de azote agradable, pero nunca doloroso y que alivia.

DURACIÓN	¿DÓNDE?	¿CUÁNDO?
Algunos segundos.	Durante una parada de descanso en un área de estacionamiento.	Cuando sienta la necesidad, para darse ánimo.

¿CÓMO?

1 Usted se colocará atrás de su pareja y aplicará alternadamente movimientos muy rápidos con las dos manos que van a golpear a lo largo de la espalda, paralelamente a la columna vertebral, de los trapecios hasta los glúteos.

2 Concretamente, los dedos golpean al nivel de las últimas falanges y van a producir un ruido seco en la espalda con un efecto de rebote, y no como "golpe de hacha". Durante la ejecución de la maniobra, sus dedos, manos, muñecas, brazos y hombros deben permanecer flexibles, totalmente relajados.

CONSEJOS

Ensaye primero con su muslo, por ejemplo. El efecto de "azote" que se siente debe ser agradable y nunca doloroso. Por eso, el contacto se hace de manera precisa: son las últimas falanges y no los dedos enteros los que "golpean"; es decir, el contacto se aplica al nivel del dedo meñique, luego del anular y por fin del mayor (el índice y el pulgar no se utilizan directamente). Ayúdese exhalando durante la ejecución del movimiento.

1

2

¿POR QUÉ?

Es una maniobra antes que todo vivificante, estimulante, un ligero "azote" vigorizante.

Pequeños movimientos que alivian

EN EL AUTO

¡Si llueve, nos quedamos en el coche! Masaje de los trapecios, maniobra de frescura para el rostro, masaje de las manos, golpeteo en la cabeza, movimiento de rodillo del brazo... ¡Todo es bueno para aplicar durante los embotellamientos, para estar tranquilo!

DURACIÓN	¿DÓNDE?	¿CUÁNDO?
Todo el tiempo de la parada.	En el coche... ¡pero detenido!	Cuando los kilómetros se acumulan, cuando se siente cansancio.

¿CÓMO?

1 Si son dos, pueden practicar el masaje de "palmas abiertas" desde los trapecios dirigiéndose hacia los brazos. Usted está atrás del asiento de su pareja y el peso de su cuerpo dirige sus movimientos (vea la página 152). ¿Manos cansadas de sostener el volante? Proponga a su pareja que conduce un masaje de descanso de las manos en el coche (vea la página 46)... ¡esperando el servicio en "automasaje"!

2 Si está solo, el masaje al minuto ya no le hará perder su tiempo durante el alto en el semáforo o los embotellamientos. Aplique la maniobra de frescura (vea la página 138), estimule su cráneo, golpeteando encima ligeramente con todos sus dedos (yema y uñas) que deja caer completamente relajados. ¡Puede picar un poco, es normal!

CONSEJOS

Quite o baje el respaldo de la cabeza antes de dar el masaje de los trapecios. Y para masajear las manos, instálese confortablemente al lado del conductor.

1

Automasaje

2

¿POR QUÉ?

Todos estos pequeños movimientos crean inmediatamente una sensación de descanso y relajamiento para salir otra vez a carretera revigorizado. ¡Además olvidó la desesperación y no perdió su tiempo!

Los masajes del motociclista

EN DOS RUEDAS

La espalda, la nuca, los brazos, las manos, están sometidos a dura prueba al conducir motocicleta. Para los motociclistas promuevo un masaje al minuto de estas partes tensas del cuerpo, durante una parada (válido también para los ciclistas).

DURACIÓN	¿DÓNDE?	¿CUÁNDO?
1 minuto.	Un lugar donde pueda detenerse sin peligro.	Cuando el cansancio se hace sentir y durante una pausa.

¿CÓMO?

1 Un minimasaje de la nuca es posible sin bajarse de la moto. De pie frente al motociclista que está estacionado a su lado, sentado en su moto, su cabeza va a descansar pesadamente, relajada, en la palma de una de sus manos. En efecto, esta posición permite instantáneamente relajar los músculos posteriores de la nuca. Va entonces a masajear con mucha flexibilidad con la otra mano a "palma abierta" y con los dedos, con presiones deslizantes todos los músculos del cuello desde la parte alta de la espalda hasta la base del cráneo. Puede adoptar otras posiciones (vea la página 140). Para la espalda, vaya a la posición evocada en casa (página 50), el motociclista podrá descansar su cabeza al nivel de la frente sobre sus manos apoyadas en el manubrio (el masaje se hará aquí sin aceite). Para las manos, podrán colocarse apoyadas en su muslo (vea la página 46). Finalmente, los grandes movimientos de rodillo de brazos (vea la página 148); aquí la posición será sentada, no de pie.

CONSEJOS

Encuentre en la moto un apoyo, por ejemplo en el manubrio, para el brazo que sostiene la cabeza, ¡pues una cabeza suelta pesa mucho!

¿POR QUÉ?

Estas maniobras crean inmediatamente una sensación de relajamiento en la nuca. Agregando los masajes de la espalda, los brazos y las manos, ¡el efecto de bienestar es todavía más grande!

Masaje de los pies entre dos o alternadamente

EN EL TREN, METRO O AUTOBÚS

El masaje al minuto de los pies está aquí para reconciliarlos con los desplazamientos que no terminan. En el metro o autobús, el masaje ¡es genial!

DURACIÓN	¿DÓNDE?	¿CUÁNDO?
2 a 3 minutos por pie.	En un compartimiento del metro o autobús.	No importa cuándo… después de que se haya sentado.

¿CÓMO?

1 Cada uno descansa una pierna sobre el muslo del otro. Empiecen mutuamente por algunos movimientos de rotación del pie, manteniendo el tobillo apretado. Luego presionen el arco del pie con todos los dedos (como si presionaran una esponja). Háganlo de manera regular y con firmeza pero con flexibilidad, desplazando sus manos a lo largo del pie, sin forzar, gracias al ligero balanceo de sus cuerpos. No olviden cambiar para masajear la otra pierna.

2 Variación: el masaje por turno. Usted está sentado al final de la banca del lado del pasillo y su pareja del lado de la ventana, para apoyarse. Sus piernas descansan sobre los muslos de usted, al nivel de las rodillas y de los tendones de Aquiles para liberar la pantorrilla. Empiece entonces el masaje de un pie, luego del otro, gracias al ligero balanceo de su cuerpo (vea la página 44)… después inviertan los roles.

CONSEJOS

Para las personas cosquillosas, primero mantenga más firmemente el pie, sin desplazar las manos. Y no es necesario quitarse los calcetines o las medias.

1

2

¿POR QUÉ?

Es el masaje defatigante por excelencia, que ayuda a recuperar vigor al instante. Relaja, flexibiliza el tobillo, estimula la circulación sanguínea y el organismo entero. Es excelente para las piernas pesadas, la fatiga general, la falta de tono. Proporciona una sensación inmediata de bienestar... y ¡garantiza una buena convivencia!

Ejercicios y masajes antiestrés del pasajero

EN EL AVIÓN O EN AUTOBÚS

La mayoría de la gente confiesa que le da miedo subirse a un avión, antes de la salida, en el despegue o aun durante el vuelo. El masaje es el mejor remedio contra el estrés y el pánico, una práctica que deberían utilizar todas las compañías aéreas en las salas de espera o en los espacios previstos para ello en el avión.

DURACIÓN	¿DÓNDE?	¿CUÁNDO?
Según el tiempo de espera en el aeropuerto o la duración del vuelo.	En la sala de embarque o en el avión.	Cuando sienta estrés.

Antes de subir al avión, para relajarse, puede aplicar el pequeño ejercicio "se me caen los brazos" (vea la página 11). Y si está acompañado puede proponer a su pareja la maniobra "antiestrés exprés" (vea la página 144). Si dispone de un poco más de tiempo y según el espacio disponible para un relajamiento mayor, aplique con su pareja "el seis minutos" (vea la página 152).

¿CÓMO?

1. En solitario en el avión: sentado, empiece por descansar sus piernas. Realice primero rotaciones de gran amplitud, en un sentido y el otro, de cada uno de sus pies, con los talones en el suelo o no.
2. Ahora, continúe con pequeños alzamientos sobre las puntas de sus pies, flexiones y extensiones, dejando sucesivamente el talón y la punta del pie en contacto con el suelo. Repita cada media hora.

1

2

3 En pareja en el avión: el fabuloso masaje de las manos en el avión puede ser una agradable fuente de tranquilidad (vea la página 46). Proponga a su pareja que coloque su antebrazo sobre el brazo del asiento.

CONSEJOS

En el avión, para aliviar las piernas, aconsejo aflojar sus agujetas y quitarse los zapatos, ya que los pies tienden a hincharse durante el vuelo. Y para mayor facilidad sus piernas deben estar semiextendidas. Acomódense bien, en el fondo de su asiento. Piensen también en moverse, caminar, desplazarse... Repitan eventualmente varias veces estas maniobras a diferentes intervalos. No olviden inhalar.

3

¿POR QUÉ?

Las rotaciones y los levantamientos de los pies son un excelente ejercicio de contracción muscular que activa la circulación sanguínea en las piernas, contra el estancamiento de sangre, la fatiga y la sensación de pesadez. Todos estos movimientos son uno de los medios más prácticos para atenuar rápidamente el estrés y evitar la irrupción del pánico y otras fuentes de distracción.

Mano en la mano

EN EL ELEVADOR

Si algún día se descompone el elevador (¡toquen madera!), para armarse de paciencia, calmarse, tranquilizarse, ¡utilicen movimientos de masaje apropiados! Y para empezar, el fabuloso masaje de la mano que tranquiliza y calma inmediatamente.

DURACIÓN	¿DÓNDE?	¿CUÁNDO?
1 a 2 minutos para cada mano, o más…	En el elevador.	Cuando se descompone el elevador…

¿CÓMO?

1 El brazo de su pareja descansará totalmente relajado sobre el muslo de usted. Tome delicadamente la mano de su pareja, colóquela en todo lo largo (el reverso de la mano sobre su muslo) con una de sus manos y alísela con la palma de su otra mano.

2 Luego, deslice sus manos debajo de la de su pareja y con sus pulgares masajee el interior de su palma con pequeñas presiones deslizantes (vea la página 46). Enfatice la función calmante de este masaje, es decir, aplique un ritmo lento y regular y conserve siempre el contacto. Haga lo mismo con la otra mano.

CONSEJOS

Proponga y practique sin dudar el masaje "se me caen los brazos" (vea la página 11), "el antiestrés exprés" (en la página 144) o "el despreocupado" (página 40).

1

¿POR QUÉ?

Es la función tranquilizadora, calmante, pero también divertida que subrayamos con este masaje de las manos, la que da una sensación de paz general inmediata y elimina el estrés.

¡Es necesario hablar sobre esto!
Las malas posturas, la obligación de estar frente a una pantalla, la inmovilidad, los movimientos repetitivos, entre otros, son responsables de la incomodidad en el trabajo y originan cansancio, estrés, tensiones musculares, dolores.
Pero no olvidemos que a veces una motivación baja también está ligada a una falta de convivencia, de descanso o simplemente de gusto por lo que se hace.
Ahora bien, ante cualquier problema existe un remedio. Para responder a estos problemas, usen y abusen de los ejercicios de masajes al minuto, herramienta fantástica de prevención de todas estas molestias.
Hoy, la práctica del masaje en la oficina ya no es una utopía. Favoreciendo la creación de vínculo y bienestar, contribuye a una nueva cultura de la empresa, ¡la felicidad en el trabajo!

Y por supuesto, recuerde que cada masaje es intercambiable entre quien lo proporciona y quien lo recibe.

EN LA OFICINA

La "maniobra de frescura" en solitario

DE PIE O SENTADO

Gracias a esta maniobra sencilla pero eficaz, para practicar en solitario, tendrá una sorprendente sensación de frescura y bienestar inmediato. ¡Pruébela pronto!

DURACIÓN	¿DÓNDE?	¿CUÁNDO?
10 segundos.	Donde se sienta cómodo para hacer este ejercicio (oficina, pasillo, baño…).	Antes o después de un momento de estrés.

¿CÓMO?

1 Estará de pie, lejos de la oficina. Coloque sus dos manos extendidas sobre su rostro, inhalando un poco más profundo que de costumbre y cubriendo su frente, sus ojos y mejillas.

2 Conservando bien el contacto, sus manos se dirigen ahora hacia la parte trasera del cráneo pasando justo por encima de las orejas y echando el cabello por atrás.

3 y 4 Al encontrarse atrás, sus manos bajan y se deslizan después a lo largo del cuello, pasando luego delante de los hombros (clavículas), terminan su recorrido al nivel del pecho. Y déjelas caer completamente relajadas, inhalando (de manera ligeramente acentuada). Repita dos o tres veces el movimiento.

CONSEJOS

Las personas con cabello corto, consideren sólo desatar la corbata o retirarse bufandas, pañoletas o collares; las personas de cabello largo, pueden retirarse eventualmente broches y ligas del pelo. Para una verdadera eficacia de esta maniobra y obtener la sensación de frescura, es necesario realizarla exhalando (boca entreabierta y maxilar relajado) y el recorrido debe de ser continuo, uniforme y sin movimientos bruscos.

1

2

3

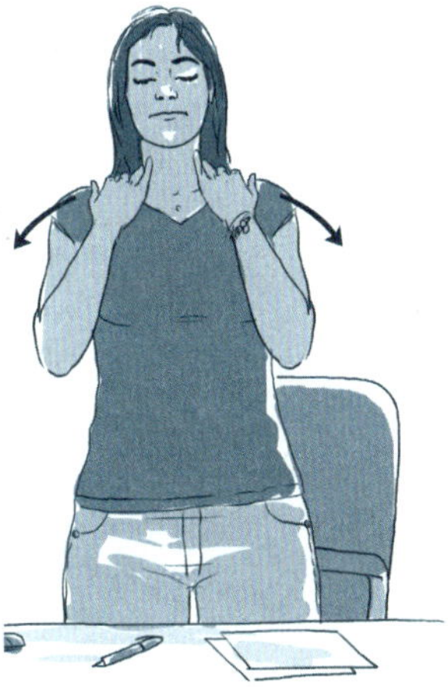

4

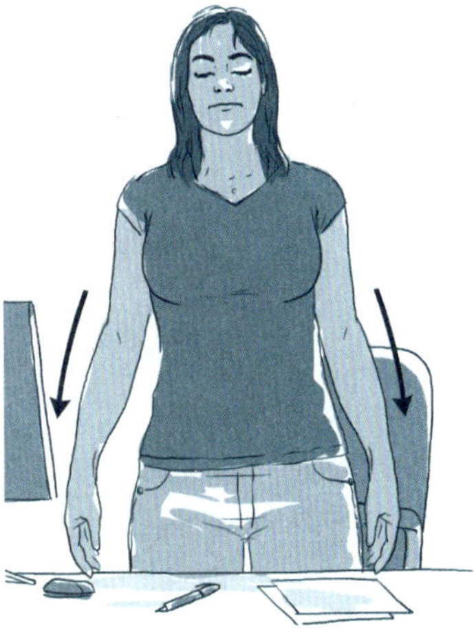

¿POR QUÉ?

Este movimiento permite soltarse instantáneamente y da una sensación inmediata de frescura y de bienestar en toda la parte superior del cuerpo. Abre, relaja y despeja el rostro.

Masaje de la nuca, sentado

SENTADO

¡Vale la pena! Como nexo entre la cabeza y la espalda, el cuello merece un trato especial. Hay mil y una maneras de masajearlo y relajarlo: de pie, sentado, recostado boca abajo, boca arriba, de lado... Escogí presentarles una posición cómoda y cotidiana, en la oficina sobre todo, sentados en una silla o un banco o aun en su escritorio, que para este fin habrán movido.

DURACIÓN	¿DÓNDE?	¿CUÁNDO?
1 a 2 minutos.	En una oficina, un lugar tranquilo.	Antes de la pausa de la comida, por ejemplo.

¿CÓMO?

1 Usted estará de pie al lado de su pareja, que estará sentada y su cabeza descansará pesada, es decir relajada, en el hueco de una de sus manos, lo que tiene por efecto inmediato relajar los músculos posteriores de su nuca. Su mano libre va a poder masajear con flexibilidad el cuello con la palma abierta y/o los dedos, dirigiéndose lentamente desde la parte superior de la espalda hacia la base del cráneo, con movimientos rítmicos, sin soltar nunca. Tome el tiempo de hacer sentir cómo "amasa" los músculos del cuello. Repita dos o tres veces este recorrido.

2 Puede adoptar otras posiciones, por ejemplo colocarse de lado, la cabeza de su pareja descansará esta vez en uno de sus brazos, al nivel del codo, la mano de usted sujetará su hombro. Su mano libre puede entonces empezar el masaje a profundidad.

1

2

3 El plus: para prolongar el recorrido del masaje, la mano se abre "en peine" deslizándose lentamente por el cabello, desde la base del cráneo hasta la parte superior de la cabeza, creando una sensación divina, ¡sorprendente!

4 Puede también ponerse frente a su pareja, recibiendo su cabeza en el tórax de usted. Sus dos manos quedan así liberadas y podrán masajear el cuello con las palmas y muñecas, con suavidad, lentitud, profundidad y flexibilidad.

CONSEJOS

Borre de su mente todo lo que haya podido escuchar sobre la fragilidad de esta zona (denominada "cervical"); no es cierto. El que recibe el masaje debe encontrar la posición más confortable para el apoyo de su cabeza, mientras que el masajista debe encontrar la "buena" mano para masajear de un lado y sostener del otro. Pruebe diferentes maneras y posiciones para sentirse más cómodo. ¡Cuidado, no aplaste la nariz de su pareja con la palma de la mano!

3

4

¿POR QUÉ?

Este masaje relaja todas las tensiones de la nuca y de la parte superior de la espalda. Calma y disminuye el estrés.

El imprescindible masaje antiestrés exprés

DE PIE O SENTADO

¡Un simple movimiento! Un trayecto de la cabeza hasta la extremidad de los dedos de las manos quitará las tensiones de la parte superior de la espalda. En cualquier lugar que esté, con esta técnica puede aliviar instantáneamente a una persona; entonces, ¿por qué no a un colega de trabajo?

DURACIÓN	¿DÓNDE?	¿CUÁNDO?
Menos de 1 minuto.	En una oficina con espacio suficiente.	Cuando sea necesario para uno de sus colegas.

¿CÓMO?

1 Esta maniobra se realiza directamente sobre la ropa (puede, sin embargo, quitarse la corbata o el pesado suéter de invierno). Se colocará detrás de su pareja, que estará de pie o sentada, y las manos de usted van a colocarse suavemente arriba de su cabeza. Luego, bajan bien abiertas a lo largo de sus mejillas y su cuello, conservando bien el contacto.

1

¿POR QUÉ?

¡Es la maniobra antiestrés por excelencia! Alivia el estrés, las tensiones excesivas y ayuda a recuperar tono antes de una reunión importante, un pendiente que terminar urgentemente, una decisión que tomar, una solicitud difícil o para enfrentar el nerviosismo...

2 Sus manos siguen ahora el borde superior de los hombros, bajan a lo largo de los brazos hasta el final de los dedos sujetándolos bien, antes de soltarlos progresivamente. Repita varias veces este movimiento y con intensidades diferentes, desde un ligero roce, como caricias, hasta presiones deslizantes regulares con palmas abiertas más marcadas. Este movimiento, con una ejecución un poco más rápida, provoca una "ondulación-vibración" de todo el brazo que favorece muy bien la disolución de las tensiones.

CONSEJOS

Para que esta maniobra sea eficaz, siga el trayecto de manera continua, sin parar, sin movimientos bruscos, sin retroceso y siempre de arriba hacia abajo. Puede practicarse también en cualquier silla sin descansabrazos, o en un banco. Y el detalle que marca la diferencia es la palma que presiona hacia los dedos (lo que evita pellizcar) y no el contrario (movimiento de la masa de pan).

2

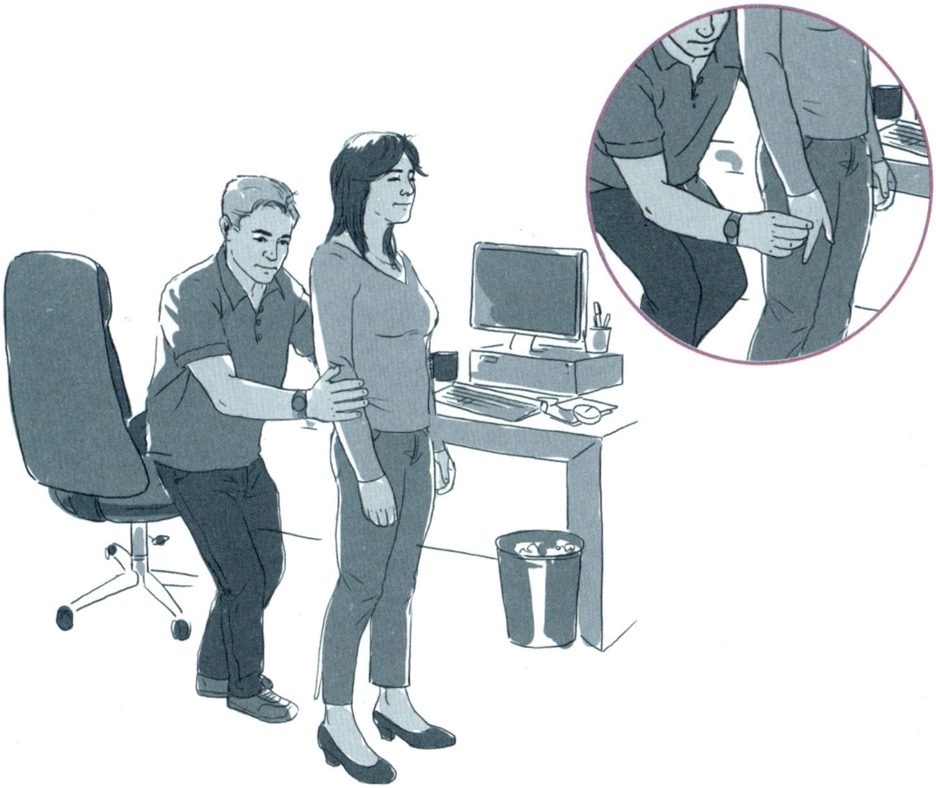

Grandes movimientos de rodillo en el brazo

DE PIE O SENTADO

Tensión en los hombros y en los brazos, calambres y contracturas en las manos, se trata quizás de un trabajo excesivo con la computadora. Le propongo un movimiento lúdico y dinamizante para relajar el conjunto del brazo y liberarse en un "clic" de todas estas molestias.

DURACIÓN	¿DÓNDE?	¿CUÁNDO?
1 minuto.	En la oficina o en cualquier otro sitio.	Cuando sea necesario.

¿CÓMO?

1 Se trata de provocar un movimiento de rotación rápida y relajada del brazo sobre él mismo. Para eso, coloque sus manos arriba del bíceps de su pareja y aplique un movimiento como el de rodillo a un masa de pan, perpendicular al eje del brazo, con sus dos palmas, bajando rápidamente hasta la mano.

2 Después abra la mano: sus pulgares mantienen entonces la articulación de la mano de su pareja ligeramente en extensión mientras los dedos masajean, estiran, amasan con firmeza la palma. Repita esta maniobra dos o tres veces sucesivamente en cada brazo.

3 Puede después relajar los hombros de su pareja sujetándolos y levantándolos con las palmas abiertas.

CONSEJOS

Este movimiento no es una "torsión" de brazo, sino un movimiento de rotación natural del brazo alrededor de su eje. La persona que recibe el masaje puede también estar sentada.

1

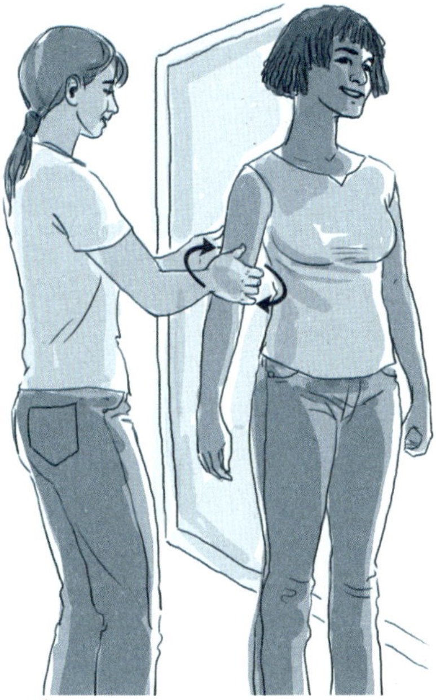

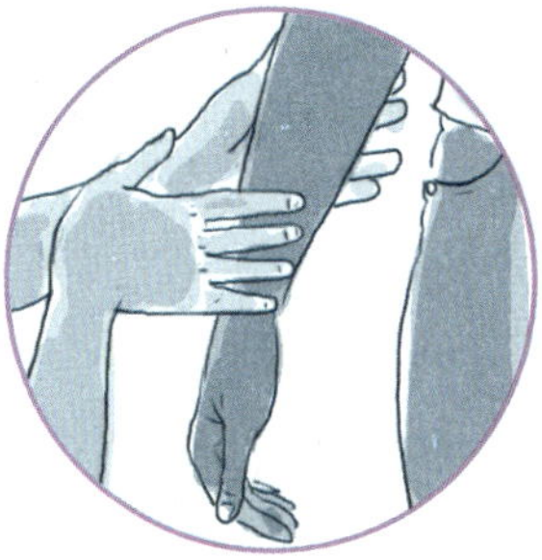

3

2

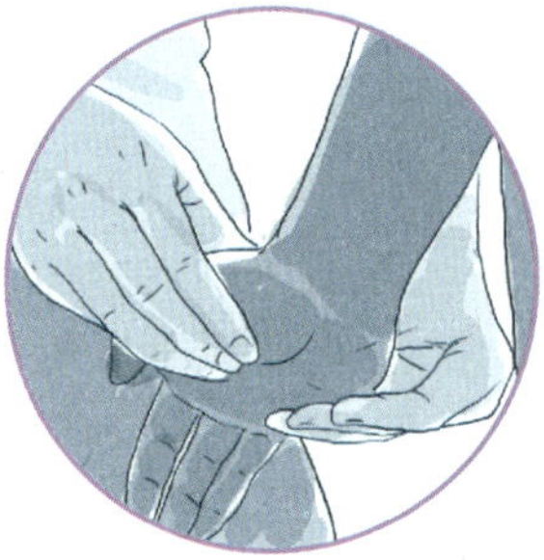

¿POR QUÉ?

Este movimiento es excelente para relajar muy rápidamente los brazos, los hombros, las manos tensas y contractadas. La apertura final de la mano proporciona una feliz sorpresa, una sensación sorprendente de bienestar.

El expreso de Oriente o la vibración en las piernas

SENTADO

No se deje engañar, no se trata de una maniobra importada del Lejano Oriente, aunque esté de moda. No; este movimiento recordará a los privilegiados que viajaron a bordo de este mítico tren, con sus vibraciones y sacudidas… pero proporcionando un descanso de las piernas muy agradable.

DURACIÓN	¿DÓNDE?	¿CUÁNDO?
Algunos segundos.	En la oficina o en una sala de reunión.	Durante las pausas.

¿CÓMO?

1 Usted y su pareja estarán sentados, cada uno en una silla. Descanse entonces la pierna de su pareja sobre los muslos de usted al nivel de dos áreas: la de su rodilla y la de su tendón de Aquiles (los puntos de apoyo más confortables que liberan la pantorrilla). Compruebe su relajamiento imprimiendo ligeros movimientos de rodillos sobre el muslo.

2 Haga entonces pequeños movimientos muy rápidos de alzamientos de las puntas de sus pies en el suelo y obtendrá una vibración de toda la pierna de su pareja sin la participación de las manos. Haga lo mismo con la otra pierna.

CONSEJOS

Para relajar las dos piernas simultáneamente, llame a una tercera persona, la sensación es diferente y a la vez más lúdica. Hagan juntos el mismo movimiento al mismo ritmo.

1

2

¿POR QUÉ?

Esta maniobra proporciona una relajación y un descanso total de las piernas, y es muy bueno para la circulación.

El seis minutos

SENTADO

El regalo de fin de semana. Va a aprovechar los diferentes movimientos de descanso y de bienestar que ahora conoce para organizar una sesión completa de masaje en el puesto mismo de trabajo (o en un lugar apartado). ¿Sesión completa? Claro que sí, seis minutos bastan... ¡y qué resultado!

DURACIÓN	¿DÓNDE?	¿CUÁNDO?
6 minutos.	En una habitación con suficiente espacio.	Durante la pausa de la comida de mediodía.

¿CÓMO?

1 Su pareja estará sentada confortablemente en una silla, pero de preferencia volteando el respaldo para que sea más fácil dar el masaje. Va a realizar una verdadera sesión incluyendo un encadenamiento de las diferentes maniobras de descanso en silla. Empiece por un simple contacto de los dos antebrazos colocados sobre los hombros de su pareja, luego practique una inclinación de los hombros por simple proyección del peso de su cuerpo hacia adelante.

2 Después masajee tranquilamente los trapecios con sus dos palmas, llevando alternativamente el peso de su cuerpo hacia el lado donde presiona.

1

2

3 Movilice ahora cada hombro (vea la página 149, dibujo 3), luego cada brazo jugando con la gravedad (movimiento del títere, vea la página 10).

4 Aplique entonces el gran movimiento de rodillo a los brazos (vea la página 148). Tenga cuidado con los brazos de la silla.

5 Ahora va a masajear más específicamente la nuca (vea la página 140).

6 Y termine por el masaje de descanso exprés "el despreocupado" (vea la página 40).

CONSEJOS

El ritmo de sus movimientos irá en función de lo que desea obtener: muy lento para un óptimo efecto relajante, o un poco más rápido para un efecto a la vez relajante y dinamizante. Siempre que pueda, utilice de preferencia una silla al revés, el respaldo frente a la persona que recibe el masaje (también puede usar un banco).

3

4

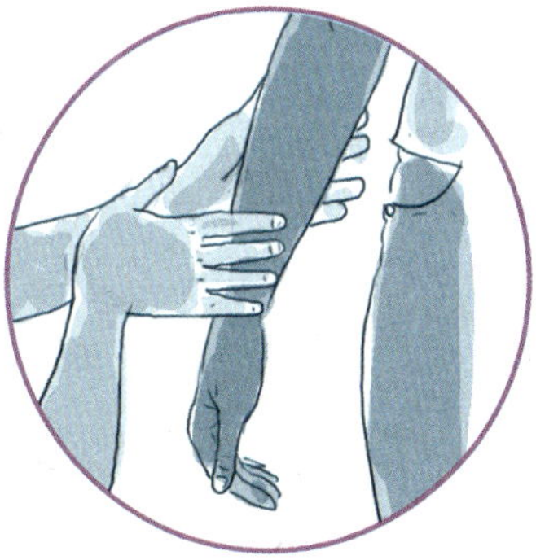

5

6

¿POR QUÉ?

Este masaje, en el que se encadenan varias maniobras, permite un relajamiento simultáneo de las diferentes partes del cuerpo tratadas: espalda, brazos, manos, nuca, cabeza, sin olvidar la respiración. Se obtiene un gran descanso general y una sensación inmediata de bienestar.

Masajes a nuestros amigos y parientes mayores

EN EL HOSPITAL O EN EL ASILO

Desde la década de 1990 formamos, en el seno de mi escuela de tacto-masaje, a miles de profesionales de la salud que aportan alivio y bienestar a sus pacientes. Pero en estas estructuras, mejores, hoy que ayer, faltan todavía muchas manos, tiempo, disponibilidad, a menudo también motivaciones para practicar este arte indispensable del masaje. Que este libro los aliente, los motive, los lleve a prestar asistencia a través de estos "masajes de bienestar y de alivio" a sus parientes mayores que sufren dolencias físicas, pero sobre todo de soledad, que carecen de contacto o de comunicación.

DURACIÓN	¿DÓNDE?	¿CUÁNDO?
El tiempo que desee.	En el hospital, el asilo, a domicilio.	Durante una visita, durante el aseo de la persona, antes de dormir.

¿CÓMO?

Puede aplicar algunas de la diferentes técnicas propuestas en este libro, adaptándolas a las diferentes situaciones y necesidades.

CONSEJOS

No dude en preguntar a su pariente mayor cercano o al paciente cuál es el masaje que más le gusta.

Masaje de los dos pies al mismo tiempo.

El fabuloso masaje de las manos.

Masaje de los pies por separado.

Masaje del rostro.

¿POR QUÉ?

Porque el masaje aporta inmediatamente paz, bienestar, mejora la comodidad, permite dormir mejor y soportar curaciones a veces dolorosas. En fin, da la oportunidad de comunicar a través del tacto y de conservar el vínculo con un pariente cercano.

Agradecimientos del autor

A mi esposa, Izabella,

por su colaboración creativa,

y a François Cordier,

que realizó la mayoría de las fotografías que sirvieron de modelos para las ilustraciones.

Esta obra se terminó de imprimir en febrero de 2017 en los talleres de:
Diversidad Gráfica S.A. de C.V.
Privada de Av. 11 #4-5, Col. El Vergel, Del. Iztapalapa, C.P. 09880,
México, Ciudad de México, Tel. 5426-6386
www.diversidadgrafica.com